ROSE MARIE DONHAUSER

POWER SMOOTHIES

**MORGENS, MITTAGS, ABENDS –
GESUNDE VITAMIN-SHOTS FÜR
JEDE GELEGENHEIT!**

ROSE MARIE DONHAUSER

POWER SMOOTHIES

MORGENS, MITTAGS, ABENDS –
GESUNDE VITAMIN-SHOTS FÜR
JEDE GELEGENHEIT!

südwest

Inhalt

12 Muntermacher Frühling

32 Leichte Erfrischung im Sommer

In diesem Buch finden Sie 50 Rezepte, die für jeden Geschmack etwas bieten: Gutbewährtes und Klassiker ebenso wie Kreatives und Außergewöhnliches. Das Motto dabei lautet: gesund und natürlich, ohne Zusatzstoffe und möglichst ohne Zucker. Einige Smoothies sind mit Milch oder mit Milchprodukten zubereitet, andere mit etwas Fruchtsaft – hier wird nur 100-prozentiger Saft ohne Zusatzstoffe verwendet – oder schlicht mit Wasser. Auch Soja- und Reismilch finden sich auf der Zutatenliste. Bevorzugen Sie einen reinen Frucht-Smoothie, einen Gemüse-Smoothie oder beides gemixt? Lassen Sie sich von der Vielfalt der Rezepte überraschen! Zudem werden unterschiedliche Vorgehensweisen vorgestellt; so kann man beispielsweise die Früchte anfrieren oder sie zimmerwarm mit Eiswürfeln mixen. Oder wie wär's zwischendurch einmal mit Speiseeis oder Buttermilch …?

Willkommen im Saftladen

Der Original-Smoothie ist eine eiskalte Nummer: cool, cremig und fruchtig. Dazu werden Früchte ohne Schalen und Kerne im Gefrierfach angefroren und dann kräftig zu einem Smoothie gemixt. Diese Kombination aus

Zu einem leckeren und gesunden Smoothie gehören frische Zutaten wie saisonales Obst und Gemüse.

leicht Gefrorenem und dem anschließenden Mixen auf Hochtouren garantiert eine cremig-kühle Vitaminbombe. Mit einer kleinen Früchtegarnitur verziert und beispielsweise mit frischer Minze getoppt, ist der Smoothie auch ein toller Hingucker.

Gesundheit zum Trinken
Vitaminreicher Frischekick und Kosmetik zum Löffeln oder zum Schlürfen mit dem Strohhalm – das sind die wichtigsten Gründe für die Wahl eines Smoothies. Doch zu alledem schmeckt ein Smoothie auch fantastisch.

Bei der Zubereitung Ihres Lieblings-Smoothies sind Ihrer Fantasie keine Grenzen gesetzt! Probieren Sie einfach immer wieder neue Zutaten und Kombinationen aus – so bleibt der gesunde Genuss abwechslungsreich.

Zu einer gesunden Ernährung gehört der tägliche Verzehr von Obst und Gemüse, und dabei ist es vor allem für Berufstätige oftmals leichter, die tägliche Dosis zu trinken statt zu essen. Das dürfte auch ein wichtiges Argument für das flüssige Obst und Gemüse sein.

Ohne Mixer läuft gar nichts

Zur Zubereitung von Smoothies ist ein leistungsstarker und hochwertiger Standmixer nötig. Im Angebot sind viele Geräte, doch letztlich ist die Entscheidung von Design, Preis und Größe bzw. Volumen sehr individuell. Wichtig bei der Wahl ist auf jeden Fall, ob ausschließlich Früchte verwendet werden, die leicht zu pürieren sind, oder ob der Standmixer einiges aushalten kann, also beispielsweise auch festere Gemüsesorten verarbeiten muss. Alles in allem hängt der Kauf des Mixgeräts davon ab, wie oft es in der Küche zum Einsatz kommt; wichtig ist darüber hinaus auch eine leichte und schnelle Handhabung.

Empfehlung zum Genuss

Smoothies sollten einen zumindest kleinen Teil zu unserer gesunden Ernährung beitragen. Es ist nicht empfehlenswert, sich ausschließlich davon zu ernähren, denn gesunde Ernährung bedeutet auch, eine ernährungsphysiologisch ausgewogene Mischkost zu sich zu nehmen.

Zudem werden bei so viel trinkbarer Gesundheit auch gern einmal die Kalorien übersehen. Die Durchschnittswerte betragen pro 100 Milliliter Smoothie zwischen 50 und 70 Kilokalorien. Doch trotzdem spricht bei einem prüfenden Blick auf die individuelle Kalorientageszufuhr nichts gegen einen bis zwei Smoothies am Tag.

Klassische Smoothies

Zu den Klassikern gehören die einfachen, schnell gemixten Smoothies, deren Früchte aus dem heimischen Garten oder als Saisonangebot vom Markt stammen oder die – etwas exotischer – mit Ananas & Co. zubereitet werden. Mittlerweile wird mit Smoothies nicht nur die Gesundheit, sondern auch das Thema Diät beworben. Sie werden als »Fatburner«, »Slim Smoothies« und »Aktiv-Drinks« angeboten. Sobald eine Ananas – synonym für Fettverbrennung – auf der Zutatenliste steht, trägt der Smoothie den Zusatz »Fettkiller«; bei »schlanken Smoothies« wird die Kalorienanzahl gesenkt, was beispielsweise auch Salatgurken, Sellerie und Äpfel gut bewirken können. Bei Power-Smoothies sind Bananen und Heidelbeeren die Energieträger. Eins ist jedenfalls sicher: Der Verzehr von Obst und Gemüse, in Maßen genossen und saisonal verwendet, vorzugsweise auch regional, ist immer gesund; er macht vital und kann auch beim Abnehmen helfen.

Grüne Smoothies – der neue Kick

Und wieder einmal lässt Amerika mit neuen Ernährungserkenntnissen grüßen, denn der Smoothie-Hit in den USA hat die Farbe Grün. Für Veganer, die sich ausschließlich von pflanzlicher Kost ernähren, ist das sicherlich nichts Neues, auf dem Gebiet der ganzheitlichen Ernährung, wo diese Smoothies zur Entgiftung und Reinigung angeboten werden, sind sie relative Newcomer. Die Zauberformel der grünen Drinks heißt »lebendige Nahrung«. Rohe Zutaten wie grünes Blattgemüse und grüne Salate werden mit anderem Gemüse, Kräutern und Früchten gemixt.

Der Fantasie sind keine Grenzen gesetzt

Wer sich intensiver mit dem Thema Smoothie-Mixen beschäftigt, kommt möglicherweise auf den Geschmack, am Abend auch einmal einen Schuss Alkohol in den Drink zu mixen. Zum Ananas-Smoothie etwas hellen Rum und Kokosnuss? Vanille-eis-Smoothie mit Kirschen und Amaretto? Daneben gibt es aber auch eine alkoholfreie, dafür recht scharfe Variante, den Spicy Smoothie: Möhren mit Roter Bete, Joghurt und Sellerie mixen und mit Muskatnuss, schwarzem Pfeffer und Cayennepfeffer würzen. So richtig »hot« wird es, wenn ein Tomaten-Paprika-Smoothie mit frischem Chili aufgepeppt wird.

Toppings

Toppings müssen natürlich nicht sein, sind in puncto Optik aber manchmal das Tüpfelchen auf dem i. Grundsätzlich können die Toppings auch mit den Smoothie-Zutaten mitgemixt werden, da ein Smoothie nicht unbedingt gelöffelt wird.

Ob Kräuter, Gewürze, Nüsse, Samen oder klein gewürfelte Trockenfrüchte – geschmacklich sollte das »Obenauf« als Garnierung schon passen. Der Mango-Bananen-Smoothie beispielsweise kann mit gerösteten Haferflocken und/oder Currypulver bestreut werden. Zu Frucht-Smoothies schmecken die genannten klein gehackten Trockenfrüchte sehr gut, zu gemischten Gemüse-Frucht-Smoothies bieten sich frisch gehackte Kräuter an. Sesamsamen und Leinsamen eignen sich für den Frühstücks-Smoothie hervorragend, gehackte Mandeln oder Kokosraspel für einen flüssigen Nachmittagskuchen, der beispielsweise aus Pfirsichen, Pfirsicheis, Aprikosen und Buttermilch besteht.

Aufbewahrung und Haltbarkeit

Smoothies zeichnen sich durch ihre absolute Frische aus. Zudem sind sie superschnell hergestellt, sodass sich eine Aufbewahrung nicht unbedingt lohnt. Sollte jedoch von den 500 Millilitern etwas übrig bleiben – die Smoothies in diesem Buch sind auf diese Menge berechnet –, können Sie den Rest einfach in ein Glas oder in ein Plastikgefäß füllen und mit Folie luftdicht verschlossen im Kühlschrank aufbewahren. Vor dem Verzehr mit einem Löffel kräftig umrühren und in ein frisches Trinkglas umfüllen.

Bei der Auswahl der Smoothie-Zutaten greifen Sie am besten in den saisonalen und regionalen Obst- und Gemüse-korb. Natürlich dürfen Sie ganz nach Geschmack auch hin und wieder ein paar Exoten »untermogeln«.

Da die Zutaten alle frisch sind und keine unnötigen Vitaminverluste entstehen sollten, empfiehlt es sich, die Smoothies nicht länger als zwei Tage im Kühlschrank aufzubewahren. Danach schmecken sie fade und liefern keinerlei Energie mehr.

Na dann los ...

Das Smoothie-Grundrezept ist ganz einfach: Frische Zutaten plus Mixer ergeben köstliche Muntermacher. Der Smoothie sollte direkt nach der Zubereitung serviert werden. Denn steht er unnötig lange herum, setzen sich die einzelnen Zutaten relativ schnell wieder am Boden des Gefäßes ab. Das ist nicht gut für die Optik, und der Geschmack leidet auch darunter.

Und Vorsicht beim Süßen: Leere Kalorien in Form von Zucker sind nicht empfehlens-wert. In diesem Buch haben wir zum Süßen vor allem auf den reichlich vorhandenen Fruchtzucker, der in reifen Früchten steckt, gesetzt. Des Weiteren wird fast ausschließ-lich Honig oder Ahornsirup verwendet. Honig besteht aus 80 Prozent Frucht- und Trau-benzucker und eignet sich somit ideal als Energiespender.

Der Smoothie

→ Ananas, Äpfel, Bananen, Bärlauch, Erdbeeren, Fenchel, Frühlingszwiebeln, Kapuzinerkresse, Kiwis, Kopfsalat, Löwenzahn, Mangold, Möhren, Radieschen, Rhabarber, Sellerie, Spinat, Stachelbeeren, Süßkirschen, Tomaten

Muntermacher
FRÜHLING

Special: **Abnehmen** mit **Smoothies**

Für Smoothies wird oft im Rahmen sogenannter Blitzdiäten geworben. Doch ausschließlich und auf längere Zeit Smoothies zu trinken ist nicht empfehlenswert, denn die Zähne brauchen auch etwas zum Beißen. Smoothies eignen sich hingegen hervorragend als schnelles Frühstück, als Nachmittagssnack oder als Ersatz für eine ausgefallene Mahlzeit.

Fatburner richtig einsetzen

Smoothies haben den Vorteil, dass viele verschiedene Zutaten zu einem geschmacklich homogenen Gesamtgetränk vermischt, püriert und aufgemixt werden können. Ein Smoothie ist ein Cocktail, ganz nach individuellem Geschmack zusammengestellt, mit einer hohen Nährstoffdichte, die zu Vitalität und Fitness verhilft. Zudem stillen die leckeren Drinks aufgrund des Fruchtzuckers den Heißhunger auf (ungesundes) Süßes und halten den Blutzuckerspiegel stabil. Mit einem einfachen Trick kann die Fatburner-Wirkung der Smoothies noch erhöht werden: einfach ein paar Tropfen bis zu 1 Teelöffel Apfelessig untermixen. Apfelessig gilt seit je als entwässernd, entschlackend, verdauungsfördernd und appetitzügelnd.

Vitamin C – als Fatburner bekannt

Das Vitamin aktiviert den Stoffwechsel, wodurch mehr Fett aus den Reserven geholt und verbrannt wird. Achten Sie bei der Wahl Ihrer Smoothies demnach auf Zutaten mit einem hohen Vitamin-C-Gehalt:

- Grapefruits
- Orangen
- Zitronen
- Aprikosen
- Kiwis
- Stachelbeeren und/oder Sauerkirschen.

Jede Menge Vitamin C bieten auch:

- Paprikaschoten
- Petersilie
- Rote Bete
- Sellerie
- Spinat
- Brokkoli.

→ **Schneller Slim-Smoothie** 1 kleine vollreife Papaya schälen, entkernen, in kleinere Stücke schneiden und mit dem Saft von 1 Limette beträufeln. 2 Orangen – z. B. Blutorangen – schälen und klein würfeln. Alle Zutaten im Gefrierfach etwa 30 Minuten anfrieren und anschließend im Mixer kräftig pürieren und aufmixen.

Special: **Fit** & **vital**
in den **Frühling**

Jeder kennt sie, die Frühjahrsmüdigkeit, die durch die Umstellung von der kalten auf die allmählich wärmere Jahreszeit entsteht und die uns oftmals im wahrsten Sinne des Wortes lahmlegt. Dieser Zustand ist keine Krankheit, es handelt sich wie gesagt lediglich um eine Umstellungsphase; die veränderten Temperaturen und Lichtverhältnisse bringen den Stoffwechsel und damit auch den Hormonhaushalt gehörig durcheinander. Gefragt sind in dieser schlappen Zeit Lebensmittel, die uns mit ihrer Frische und ihren Vitaminen möglichst zügig wieder auf Trab bringen, uns Energie geben und den Körper nicht zusätzlich belasten.

Vitaminspritze Smoothie

Zum Wachwerden, Energietanken, Durchhalten und vor allem zum Auffüllen der Vitamindepots eignen sich Smoothies ganz hervorragend. Dabei ist nicht ein einzelnes Vitamin hervorzuheben, die gesamte Zusammensetzung von Vitaminen, Mineralstoffen, Spurenelementen und Ballaststoffen ist wichtig.

Den Frühling saisonal genießen

Fit & vital in den Frühling bedeutet, bei der Zubereitung des Smoothies frische saisonale Früchte und Gemüsesorten zu verwenden, beispielsweise

- jungen Blattspinat
- Frühlingsmöhrchen
- Rhabarber

- die ersten Erdbeeren
- Mangold
- Radieschen
- Kiwis und Melonen.

Mit Ananas, Bananen und Mango püriert sind sie echte Fitmacher. Und grüne Smoothies werden mit frisch geernteten Kräutern zu wahren Kraftpaketen.

Möglichst mit Schale

Birnen, Äpfel und Tomaten, Aprikosen und Pfirsiche sollten auf alle Fälle mit der Schale verarbeitet werden, denn unter der Schale befinden sich die wertvollsten Nährstoffe, die sogenannten sekundären Pflanzenstoffe. Durch das heftige Aufmixen und Pürieren ist die Schale im Smoothie dann nicht mehr zu schmecken.

→ **Fit & vital in den Tag** mit einem Mix aus 2 Orangen, ¼ Honigmelone, 2 Eiswürfeln, 150 Gramm Naturjoghurt und 1 Esslöffel Mandelmus – zum Bäumeausreißen!

Peppiger **Fenchel** mit **Papaya**

→ Pikant → Scharf → Fruchtig

1 Die Fenchelknolle waschen und putzen. Dabei das Grün abzupfen, fein hacken und beiseitelegen. Den Fenchel vierteln, vom Strunk befreien und in grobe Stücke schneiden. Die Frühlingszwiebel waschen und putzen und ebenfalls in grobe Stücke schneiden.

2 Die Papaya schälen, halbieren, entkernen und klein schneiden. Einige mundgerechte Stückchen auf zwei Holzspieße stecken und beiseitelegen.

3 Fenchel, Frühlingszwiebeln und Papaya mit Orangensaft, Multivitaminsaft, Tabasco und Eiswürfeln in den Standmixer geben, pürieren und aufmixen. In Gläser füllen, mit den Papayaspießen garnieren und mit dem gehackten Fenchelgrün bestreut servieren.

Für etwa 500 ml
1 kleine Fenchelknolle
1 Frühlingszwiebel
1 saftige Papaya
Saft von 1 Orange
100 ml Multivitaminsaft
1 – 2 Spritzer Tabascosauce
2 – 4 Eiswürfel

Zum Garnieren
2 lange Holzspieße

Zubereitungszeit
15 Minuten

Tipps → Besonders Fans von Frucht-Smoothies trauen sich nicht gern an grüne Gemüse-Smoothies heran. Geschmacklich ist der Unterschied allerdings frappant – eben ein pikanter Gemüsegeschmack und nicht ein eher süßlich-harmonischer Fruchtgeschmack. Der Fenchel-Papaya-Smoothie ist einerseits würzig und leicht scharf, schmeckt aber auch fruchtig. Statt der Tabascosauce kann auch etwas frische Chilischote verwendet werden, und die Papaya kann durch eine süße und saftige Mango ersetzt werden.

Ananas-Sellerie-Trimmer

→ Süß → Pikant → Cool

1 Die Ananas schälen, vom Strunk befreien und in grobe Stücke schneiden. Den Sellerie waschen und putzen. Längs 2 Streifen zum Garnieren abschneiden und beiseitelegen. Den restlichen Sellerie grob zerkleinern. Die Birne waschen, nicht schälen, längs vierteln und vom Kerngehäuse befreien. Die Banane schälen und mit Birnendicksaft mit einer Gabel zerdrücken.

2 Alle vorbereiteten Zutaten – außer dem Sellerie zum Garnieren – mit Eiswürfeln im Mixer kräftig pürieren und aufmixen. In Gläser füllen und die Selleriestreifen zum Umrühren in die Gläser stellen.

Für etwa 500 ml
½ saftige Ananas, etwa 250 g
2 Stangen Sellerie
1 saftig-süße Bio-Birne
1 Banane
1 EL Birnendicksaft
(aus dem Reformhaus)
10 Eiswürfel (siehe Tipps)

Zubereitungszeit
15 Minuten

Tipps → Je nach Leistungsfähigkeit des Mixers können Eiswürfel durchaus Probleme bereiten. Am einfachsten ist es, die Eiswürfel in einen Plastikbeutel oder in ein Tuch zu geben und mit einem Fleischklopfer zu zerkleinern. Bei manchen Getränkemärkten gibt es auch Crushed Ice günstig in Tüten zu kaufen.
Immer wieder taucht auch die Frage auf, ob ein Smoothie mit oder ohne Eis zubereitet werden soll. Im Sommer ist es aufgrund der hohen Temperaturen sicherlich zu empfehlen. Sie können die Zutaten – wie in vielen Rezepten angegeben – aber auch im Gefrierfach anfrieren. Oder Sie verwenden sehr kaltes Wasser wie bei den grünen Smoothies.

Banane-Rhabarber
mit **Rucola**

→ Frisch → Fruchtig → Grün

1 Den Rhabarber waschen, putzen und in grobe Stücke schneiden. Den Rucola verlesen, waschen und trockenschütteln. Die groben Stiele abschneiden, die Blätter quer in kleinere Stücke schneiden. Die Banane schälen und in Scheiben schneiden.

2 Rhabarber, Rucola und Bananenscheiben mit 100 Milliliter kaltem Wasser und Orangensaft in den Mixer geben und auf höchster Stufe kräftig aufmixen. In Gläser füllen und mit Sonnenblumenkernen bestreut servieren.

Für etwa 500 ml
1 Stange Rhabarber
100 g Rucola
1 Banane
Saft von 1 Orange

Zum Garnieren
1 EL Sonnenblumenkerne

Zubereitungszeit
10 Minuten

Tipps → Speziell für grüne Smoothies sollte ein Hochleistungsmixer ab 30 000 Umdrehungen in der Minute verwendet werden, denn Zutaten mit festen Strukturen wie Fenchel oder Rhabarber werden sonst nicht entsprechend zerkleinert. Oder es dauert so lange, dass der Mixer warm oder sogar heiß läuft, und das ist zum einen nicht gut für den Mixer, und zum anderen würden sich die Zutaten erwärmen. Grüne Smoothies sind in der Zubereitung sehr unkompliziert: Einfach die zerkleinerten gewählten grünen Blattsalate und das grüne Gemüse in den Mixer geben, mit Wasser begießen und den Mixer anschalten. Als Faustregel gilt 50:50, also halb Zutaten und halb Wasser. Bei längerer Smoothie-Praxis kristallisiert sich sicherlich der persönliche Smoothie heraus: Sie entscheiden selbst, ob Sie es lieber flüssig, cremig oder dicklich-sämig mögen.

Möhre-Orange
mit **Sesamkick**

→ **Aromatisch** → **Cremig** → **Mild**

1 Die Möhren unter fließendem kaltem Wasser kräftig abbürsten, trocknen und das Grün abschneiden. Möhrengrün fein hacken, die Möhren in kleinere Stücke schneiden. Die Orangen schälen und das Fruchtfleisch klein würfeln. Möhren und Orangen auf einen Teller geben und im Gefrierfach etwa 30 Minuten anfrieren lassen.

2 Möhren und Orangen mit Naturjoghurt, Zimt, Vanillemark und Honig oder Ahornsirup im Mixer kräftig aufmixen und pürieren. In Gläser füllen und mit Sesamsamen sowie Möhrengrün garniert servieren.

Für etwa 500 ml
2 kleine Möhren mit Grün
2 saftige Orangen
300 g Naturjoghurt
1 Msp. gemahlener Zimt
Mark von ¼ Vanilleschote
1 EL Honig oder Ahornsirup

Zum Garnieren
1 EL Sesamsamen

Zubereitungszeit
10 Minuten

Anfrierzeit
30 Minuten

Tipps → Varianten für Flüssigkeitszugaben gibt es genügend. So können Sie beispielsweise den entsprechenden Saft der verwendeten Früchte – Orangen-, Multivitamin-, Trauben-, Möhren- oder Kirschsaft – zugeben. Oder Sie nehmen Wasser, sei es Leitungswasser, Mineralwasser mit Kohlensäure oder Quellwasser. Auch Kokosmilch, Getreidemilch oder Sojamilch bringen Abwechslung ins Mixen. Tee, etwa grüner Tee, Hagebuttentee oder Kirschtee, lässt sich ebenfalls geschmacklich harmonisch mit den Früchten verbinden. Zudem eignen sich viele Milchprodukte wie Milch, Kefir, Buttermilch, Joghurt, Mascarpone und vor allem Eiscreme.

Kiwi-Banane
mit **Bärlauch**

→ Würzig → Fruchtig → Scharf

1 Bärlauch und Schnittlauch gründlich waschen, trockenschütteln und grob hacken. Die Kiwis schälen und in grobe Stücke schneiden. Die Birnen waschen, nicht schälen, vierteln, vom Kerngehäuse befreien und die Viertel quer halbieren. Die Banane schälen und dritteln.

2 Bärlauch, Schnittlauch, Kiwis, Birnen und Bananen mit dem Birnensaft in den Mixer geben, kräftig aufmixen und pürieren. In Gläser füllen und mit den gehackten Haselnüssen bestreut servieren.

Für etwa 500 ml
25 g Bärlauch
25 g Schnittlauch
2 Kiwis
2 kleine, saftige Bio-Birnen
1 Banane
150 ml Birnensaft
(100 % Natursaft)

Zum Garnieren
1 EL gehackte Haselnüsse

Zubereitungszeit
15 Minuten

Tipps → Nicht zu viel vom Bärlauch nehmen, denn dieser heizt mit seiner frischen Schärfe ganz schön ein. Als harmonisch-fruchtiger Ausgleich passen die Birnen und Bananen sehr gut dazu, denn die Kiwis liefern wiederum viel Säure. Alles in allem ein schmackhafter Smoothie, der zudem ein wahrer Gesundheitsbooster ist. Er lässt sich auch gut mit ins Büro nehmen: in einen Plastikbecher füllen, bis zum Verzehr kühl stellen und als Snack oder Mittagessen genießen.

Wildkräuter-Smoothie mit Birnen

→ Exotisch → Fruchtig → Cremig

1 Die Wildkräuter verlesen, waschen, trockenschütteln und bei Bedarf quer klein schneiden. Die Birnen waschen, nicht schälen, vierteln, vom Kerngehäuse befreien und in grobe Stücke schneiden. Die Banane schälen und in Scheiben schneiden. Die Orange halbieren; eine Hälfte auspressen, die andere schälen und in mundgerechte Stücke schneiden. Die Orangenstücke auf die Holzspieße stecken und beiseitelegen.

2 Wildkräuter, Birnen und Bananenscheiben mit dem Orangensaft, dem Mandelmus sowie 200 Milliliter Wasser in den Mixer geben, kräftig aufmixen und fein pürieren. In Gläser füllen und mit den Orangenspießen garniert servieren.

Für etwa 500 ml
**100 g Wildkräuter,
z. B. Löwenzahn, Giersch,
Wegerich
3 mittelgroße süße Bio-Birnen
1 Banane
1 Orange
1 EL Mandelmus (aus
dem Reformhaus)**

Zum Garnieren
2 lange Holzspieße

Zubereitungszeit
10 Minuten

Tipps → Im Frühjahr, wenn die ersten frischen Kräuter aus dem Umland geerntet werden, ist es spätestens Zeit für den inneren Frühjahrsputz. Speziell Wildkräuter sind aufgrund ihrer reinigenden und aufbauenden Wirkung und auch wegen ihres Geschmacks sehr beliebt. Frisch zubereitet, sind diese flüssigen Nährstoffkonzentrate wahre Wundergetränke für mehr Energie und Kraft.
Statt der Birnen können Sie für diesen Smoothie auch Äpfel verwenden und für einen »Slimliner« noch einen Schuss Zitronensaft dazugeben.

Grüner **Wake-up**-Smoothie mit **Weizengras**

→ Scharf → Grün → Säuerlich

1 Möhren und Äpfel gründlich waschen und trockenreiben. Die Äpfel vierteln und vom Kerngehäuse befreien. Die Möhren putzen und in grobe Stücke schneiden. Petersilie waschen, trockenschütteln und grob hacken.

2 Möhren, Äpfel und Petersilie mit Zitronensaft, Weizengrassaft und 200 Milliliter Wasser in den Mixer geben, kräftig aufmixen und pürieren. In Gläser füllen und mit frisch geriebenem Ingwer garniert servieren.

Für etwa 500 ml
2 kleine Möhren
4 Bio-Äpfel, z. B. Elstar
½ Bund Petersilie
Saft von ½ Zitrone
50 ml Weizengrassaft
(siehe Tipps)
etwas frisch geriebener
Ingwer

Zubereitungszeit
15 Minuten

Tipps → Weizengraspulver wird nach Packungsangabe mit Wasser angerührt. Sie können Weizengras jedoch auch selbst ziehen. Dazu Bio-Sprießkornweizen kaufen, diesen erst 1 bis 2 Tage keimen lassen – bis er Wurzeln schlägt – und dann in etwa 5 Tagen zu 10 bis 15 Zentimeter langen Gräsern wachsen lassen. Diese jungen Triebe des Weizens sind wahre Vitamin- und Mineralstoffkraftprotze.
Zum Herstellen eines grünen Smoothies sind wirklich robuste und leistungsstarke Standmixer nötig. Im Vergleich dazu kann ein Frucht-Smoothie, z. B. aus Erdbeeren, Bananen und anderen Beeren, durchaus auch mit einem Stabmixer hergestellt werden.

Smoothie
»**Bloody Mary**«

→ Peppig → Scharf → Exotisch

1 Das Gemüse waschen, putzen und in kleinere Stücke schneiden. Dabei die Pfefferschote entkernen. Die Kräuter waschen, trockenschütteln und grob hacken. Ingwer und Galgant schälen und klein würfeln.

2 Tomaten, Sellerie, Paprika, Pfefferschote, Petersilie, Basilikum, Ingwer und Galgant mit 150 Milliliter Wasser im Mixer kräftig aufmixen und pürieren. In Gläser füllen und mit frischen Basilikumblättern garniert servieren.

Für etwa 500 ml
2 große aromatische Tomaten
1 Stange Sellerie
1 rote Paprikaschote
1 kleine milde Pfefferschote
je einige Stängel glatte
Petersilie und Basilikum
1–2 cm frische Ingwerwurzel
1 kleines Stück Galgant
(siehe Tipps)

Zum Garnieren
frische Basilikumblätter

Zubereitungszeit
15 Minuten

Tipps → Bei diesem tomatigen Smoothie bietet es sich an, ihn kräftig zu würzen, beispielsweise mit Cayennepfeffer, Meersalz und schwarzem, grob geschrotetem Pfeffer. Das Galgantfruchtfleisch hat eine hölzerne, harte Struktur und schmeckt leicht scharf, bitter und süß. Hildegard von Bingen schrieb über die Pflanze: »Wenn es ein Kraut oder eine Wurzel gibt, um Tote zu erwecken, dann wäre Galgant die erste Wahl.«
Sie können den Smoothie zusätzlich mit 1 kleinen scharfen Chilischote und 1 Knoblauchzehe aufpeppen oder ihn umgekehrt mit einer reifen aromatischen Avocado (z. B. Sorte Hass) »milder stimmen«.

Erdbeer-Banane
mit **Krokant**

→ Knusprig → Süß → Aromatisch

Für etwa 500 ml

250 g vollreife süße Erdbeeren

1 kleine Banane

100 g gehackte Mandeln

50 g Zucker

**100 ml Orangensaft,
frisch gepresst**

8 Eiswürfel

Zubereitungszeit

15 Minuten

Anfrierzeit

30 Minuten

1 Die Erdbeeren verlesen, waschen und trocken-tupfen. Die Banane schälen und in Stücke schneiden. Erdbeeren und Bananenstücke auf einen Teller geben und für etwa 30 Minuten zum Anfrieren ins Gefrierfach stellen.

2 In der Zwischenzeit die Mandeln in einer heißen beschichteten Pfanne ohne Fett 1 bis 2 Minuten anrösten, bis sie zu duften beginnen. Dabei umrühren, damit die Mandeln nicht anbrennen. Den Zucker einrieseln lassen und alles gut miteinander verrühren. Sobald sich der Zucker aufgelöst hat, also zu karamellisieren beginnt, die Pfanne vom Herd ziehen. Den Pfanneninhalt auf einen kalten Teller geben und den Krokant in kleinere Stücke teilen oder brechen.

3 Die angefrorenen Früchte mit Orangensaft und Eiswürfeln im Mixer kräftig pürieren. In Gläser füllen und mit dem Krokant bestreut sofort servieren.

Tipps → Ein Smoothie ist immer nur so gut wie seine Zutaten. Unreife, geschmacklose Erdbeeren ergeben keinen guten Erdbeer-Smoothie. Verwenden Sie also immer beste Zutaten. Statt Orangensaft können auch 1 bis 2 Orangen, je nach Größe, mit den Erdbeeren angefroren und anschließend mit püriert werden.

Himbeer-Smoothie
mit **Kopfsalat**

→ Außergewöhnlich → Beerig → Frisch

Für etwa 500 ml
150 g Himbeeren
100 g Erdbeeren
3 – 4 Kopfsalatblätter

Zum Garnieren
**2 frische Kapuziner-
kresseblüten**

Zubereitungszeit
10 Minuten

1 Himbeeren und Erdbeeren verlesen, waschen und vorsichtig trockentupfen. Die Erdbeeren entstielen. Die Kopfsalatblätter waschen, trockenschütteln und in Streifen schneiden. Die Kapuzinerkresseblüten waschen und ebenfalls vorsichtig trockentupfen.

2 Himbeeren, Erdbeeren und Kopfsalatstreifen mit 150 Milliliter Wasser in den Mixer geben, aufmixen und je nach gewünschter Konsistenz pürieren. In Gläser füllen und mit den Kapuzinerkresseblüten garniert servieren.

Tipps → Der Farbton der grünen Smoothies richtet sich nach der Farbe der beigemengten Früchte, die z. B. intensiv rot oder gelb sein können. Grün bezieht sich generell auf den Zusatz bzw. den Grundstock der grünen Blattgemüse.
Der Anteil von Früchten bei grünen Smoothies sollte für Einsteiger eher 60 Prozent betragen, 40 Prozent sollten die grünen Blätter ausmachen. Mit der Zeit, wenn die grünen Smoothies munden, können Sie die Prozentanteile umkehren.

→ Äpfel, Aprikosen, Bananen, Birnen, Blaubeeren, Boysenbeeren, Brombeeren, Erdbeeren, Gurken, Himbeeren, Holunderbeeren, Honigmelone, Johannisbeeren, Möhren, Nektarinen, Pfirsiche, Sauerkirschen, Sellerie, Spinat, Stachelbeeren, Süßkirschen, Tomaten, Wassermelone, Weintrauben

Leichte Erfrischung
im SOMMER

Special: **Brainfood Smoothies**

Damit wir uns wohlfühlen und alles funktioniert, muss auch unser Gehirn »richtig« ernährt werden. Setzen Sie daher mehr Lebensmittel auf Ihren Speiseplan, die den Blutzuckerspiegel konstant halten. Ungesunde Lebensmittel, die nur zu einem kurzzeitigen Anstieg und danach zu einem raschen Abfall des Blutzuckerspiegels führen, sollten Sie dagegen streichen oder zumindest verringern.

Nahrung fürs Gehirn

Bei Brainfood geht es letztlich um die Stärkung und auch Förderung der Konzentration. Unser Gehirn macht rund zwei Prozent unseres Körpergewichts aus und verbraucht über 20 Prozent unserer täglichen Energiereserven sowie 40 Prozent des aufgenommenen Sauerstoffs. Damit das Gehirn gut funktioniert, damit wir denken können und alles »im Fluss« ist, muss es ständig u. a. mit Einfachzucker (Glukose) versorgt werden. Wird nun diese Glukose nicht permanent über die Blutbahn in den Kopf geleitet, sinkt das Denkvermögen rapide – die Konzentration lässt nach.

Smoothies für die geistige Fitness

Verwenden Sie gezielt Zutaten, die zur Steigerung der geistigen Leistungsfähigkeit beitragen. Besonders empfehlenswert für die kleinen grauen Zellen sind:

- Bananen
- Blaubeeren
- Brokkoli
- Grünes Gemüse und grüne Salate – insbesondere Spinat
- Äpfel
- Avocados
- Kirschen
- Leinsamen
- Möhren
- Frischmilch
- Joghurt
- Sojamilch und Sojajoghurt
- Rapsöl
- Weizenkeime
- Nüsse
- Trockenfrüchte.

→ **Drei-Zutaten-Tipp zum Aufwachen** Fruchtfleisch von 1 reifen Avocado und 1 saftigen Mango mit frisch gepresstem Orangensaft auf Hochtouren mixen und sofort mit gehackten Walnüssen bestreut servieren. Das wird ein guter Tag!

Energiedrinks

Den Begriff »Energy Drink« designte ursprünglich Stephen Kuhnau in den USA. Bereits 1973 eröffnete Kuhnau einen Health Food Shop in New Orleans und verkaufte frisch hergestellte Fruchtmixgetränke als Energy Drinks. Im Prinzip waren es gesundheitliche Gründe, die ihn dazu bewogen, sich selbst mit »lebendigen Zutaten« zu behandeln. Mit seiner Genesung und dem zunehmenden Verkaufserfolg gründete er 1987 das Franchising-Unternehmen »Smoothie King«.

Energie aus dem Garten der Natur

Wenn wir hier also von Energiedrinks sprechen, ist nicht die Rede von künstlich hergestellten Fertigdrinks, die meist aus Wasser, Zucker, Koffein, Taurin und Farbstoffen bestehen. Ihr Image als Energy Drink verdanken diese Getränke einem wahrscheinlich raffinierten Marketing. Hier sind damit allerdings natürliche Getränke, die Energie spenden, gemeint; sie stammen als »lebendige Nahrung« aus der Natur. Was unserem Körper und unseren Zellen am meisten dient, sind im wahrsten Sinne des Wortes Lebens-Mittel wie rohe Pflanzen und Früchte, die beispielsweise zu einem Smoothie aufgemixt werden.

Energieschub zum Trinken

Möhren etwa fördern die Durchblutung, und das darin enthaltene Vitamin A verbessert die Augenfunktion. Tomaten stecken voller Leukopin – reine Nahrung für Herz und Blut. Trauben helfen mit ihren sekundären Pflanzenstoffen, das Herz zu stärken. Walnüsse unterstützen Neurotransmitter dabei, die Hirnfunktion zu verbessern. Sellerie, Rhabarber und viele grüne Blattgemüse fördern durch ihren Natriumgehalt gezielt die Festigkeit der Knochen. Möhren, Mangos, Aprikosen, aber auch Spinat und Grünkohl enthalten viele Karotinoide, wobei das Beta-Karotin, eine Vorstufe des Vitamin A, das bekannteste ist. Vitamin A ist wichtig für Haut, Augen, Schleimhäute und Zahnfleisch.

→ **Let's go green** mit ½ ungeschälten Bio-Gurke, 1 Granny-Smith-Apfel, 1 kleinen Banane, 1 Kiwi, 1 Esslöffel Ahornsirup und ein paar Walnusshälften. Alles cremig aufmixen, dabei nach Bedarf etwas Wasser hinzufügen, in Gläser füllen und sofort trinken. Energie pur!

Kefir-Stachelbeeren
mit Curry-Ingwer

→ Exotisch → Fruchtig → Scharf

1 Die Stachelbeeren entstielen, waschen und trockentupfen. Die Ingwerwurzel schälen und in grobe Stücke schneiden. Die Banane schälen und in kleinere Stücke schneiden.

2 Stachelbeeren, Ingwer und Bananenstücke mit Orangensaft, Kefir, Honig, Mandelmus und Eiswürfeln in den Mixer geben. Mit Currypulver und einem Hauch Pfeffer würzen. Alles kräftig aufmixen und glatt pürieren. In Gläser füllen, nach Belieben noch mit etwas Currypulver bestäuben und sofort servieren.

Für etwa 500 ml

250 g Stachelbeeren
1–2 cm Ingwerwurzel
1 mittelgroße Banane
Saft von 1 Bio-Orange
150 g Kefir
1 EL Honig
1 EL Mandelmus (aus dem Reformhaus)
4 Eiswürfel
1 kräftige Prise Currypulver
weißer Pfeffer aus der Mühle

Zubereitungszeit
15 Minuten

Tipps → Zum Süßen kann anstatt Honig auch Ahornsirup oder, falls im Kühlschrank sowieso vorhanden, Konfitüre oder ein geschmacklich passendes Gelee verwendet werden. Zum Garnieren 2 bis 4 Stachelbeeren ein-, aber nicht durchschneiden und an die Glasränder stecken. Von der Orange vor dem Auspressen etwas Schale fein abreiben und diese zusammen mit dem Currypulver zum Garnieren verwenden.

Gemischte **Beeren** mit **Reismilch**

→ Fruchtig → Mild → Leicht

1 Die Beeren verlesen, vorsichtig waschen und auf Küchenpapier abtropfen lassen. Auf einen Teller geben und für etwa 30 Minuten zum leichten Anfrieren ins Gefrierfach stellen.

2 Die angefrorenen Beeren mit Honig oder Ahornsirup und Reismilch im Mixer cremig pürieren. In Gläser füllen und mit etwas Puderzucker bestäuben. Die Zitronenscheiben an-, aber nicht durchschneiden und an den Glasrand stecken.

Für etwa 500 ml

100 g Himbeeren
100 g Blaubeeren
100 g Brombeeren
2 EL Honig oder Ahornsirup
200 ml Reismilch (siehe Tipps)
Puderzucker zum Bestäuben

Zum Garnieren
2 Zitronenscheiben

Zubereitungszeit
10 Minuten

Gefrierzeit
30 Minuten

Tipps → Reismilch ist keine Milch, sondern eine Form der Getreidemilch. Sie wird aus Vollkornreis hergestellt und ist umgangssprachlich die »Milch der Veganer«. Diese »Milch« eignet sich hervorragend für Menschen mit einer Milcheiweißallergie oder einer Laktoseintoleranz.
Für eine Blitzvariante des Rezepts mixen Sie einfach eine Packung tiefgefrorene gemischte Beeren statt der frischen mit Honig und Reismilch kräftig auf.

Blaubeeren
mit **Holunderjoghurt**

→ Säuerlich → Cool → Cremig

Für etwa 500 ml

150 g Blaubeeren
1 Bio-Zitrone
1 saftiger Pfirsich
50 ml ungezuckerter
Holundersaft (aus
dem Reformhaus)
150 g Naturjoghurt
Mark von ¼ Vanilleschote
1 EL Honig
2 Eiswürfel

Zum Garnieren
2 lange Holzspieße

Zubereitungszeit
15 Minuten

Anfrierzeit
30 Minuten

1 Die Blaubeeren verlesen, vorsichtig waschen und mit Küchenpapier trockentupfen. Die Zitrone waschen und mit Küchenpapier fest abreiben. Die Schale ohne die weiße Haut spiralförmig abschneiden und beiseitelegen. Das Zitronenfruchtfleisch von der weißen Haut befreien und in kleine Stücke schneiden. Den Pfirsich waschen und in Spalten vom Kern schneiden.

2 Blaubeeren, Zitronenstücke und Pfirsichspalten auf einen großen Teller geben und zum Anfrieren für etwa 30 Minuten ins Gefrierfach stellen.

3 Die angefrorenen Früchte mit Holundersaft, Joghurt, Vanillemark, Honig und Eiswürfeln in den Mixer geben und so lange kräftig pürieren, bis ein cremig-flüssiges Fruchtpüree entstanden ist.

4 Die Zitronenspirale quer in zwei Hälften schneiden und jeweils auf einen Holzspieß aufstecken. Den Smoothie in Gläser füllen und mit einem Zitronenspieß garniert servieren.

Tipps → Im Sommer ist ein cooler Smoothie zur Abkühlung geradezu prädestiniert und eine gesunde Antwort auf überzuckertes Speiseeis. Wer es noch kühler möchte, kann die Eiswürfelzugabe erhöhen, dadurch wird das Getränk auch etwas flüssiger.

Süßkirschen-
Mandel-Smoothie

→ Cremig → Mild → Fruchtig

1 Die Süßkirschen waschen und entsteinen. Die Banane schälen und in Scheiben schneiden. Die Nektarine waschen und in Spalten vom Kern schneiden.

2 Süßkirschen, Bananenscheiben und Nektarinenspalten mit den 2 Esslöffeln gehackten Mandeln, dem Mandelmus und der Sojamilch im Mixer kräftig aufmixen und pürieren.

3 Kakaopulver mit dem halben Teelöffel gehackten Mandeln verrühren. Den Smoothie in Gläser füllen und mit der Kakao-Mandel-Mischung bestreut servieren.

Für etwa 500 ml

200 g Süßkirschen
1 kleine Banane
1 saftige Nektarine
2 EL gehackte Mandeln
1 EL Mandelmus (aus
dem Reformhaus)
150 ml Sojamilch (siehe Tipps)
je ½ TL Kakaopulver und
gehackte Mandeln

Zubereitungszeit

15 Minuten

Tipps → Den Smoothie richtig cool servieren: Dazu die vorbereiteten Früchte etwa 30 Minuten im Gefrierfach anfrieren und mit 150 Milliliter frisch gepresstem Orangensaft statt Sojamilch aufmixen und pürieren.
Oder einfach 250 Gramm angefrorene Süßkirschen mit 2 bis 3 Kugeln Vanilleeis oder einem anderen Speiseeis Ihrer Wahl cremig aufmixen und pürieren.
Zudem schmeckt der Smoothie auch mit Joghurt: Dazu 250 Gramm angefrorene Süßkirschen mit 250 Gramm Sahnejoghurt und 1 Esslöffel Mandellikör (z. B. Amaretto) aufmixen. Mit frischem Zitronen- oder Limettenabrieb garnieren.

Spinat-Smoothie mit Avocado

→ Grün → Scharf → Pikant

1 Spinatblätter verlesen, Oreganoblätter von den Stängeln zupfen. Beides unter fließendem kaltem Wasser waschen und anschließend gut abtropfen lassen. Die Salatgurke waschen, nicht schälen und in grobe Stücke schneiden. Die Chilischote waschen, putzen und entkernen. Die Avocado halbieren, den Kern herauslösen und das Fruchtfleisch mit einem Löffel herausschaben. Mit Zitronensaft beträufeln.

2 Spinat, Oregano, Gurkenstücke, Chili und Avocadofruchtfleisch mit 150 Milliliter eiskaltem Wasser im Mixer cremig pürieren. In Gläser füllen und mit Sesamsamen bestreut servieren.

Für etwa 500 ml
100 g junge Spinatblätter
3 – 4 Stängel Oregano
½ Bio-Salatgurke
½ kleine Chilischote
1 reife Avocado,
z. B. Sorte Hass
Saft von ½ Bio-Zitrone

Zum Garnieren
1 EL Sesamsamen

Zubereitungszeit
15 Minuten

Tipps → Als Mittagessen ist dieser grüne Smoothie sehr zu empfehlen, denn er gibt viel Kraft, belastet nicht, hat wenig Kalorien und versorgt Sie mit einem Energieschub für die zweite Tageshälfte.
Grüne Smoothies sind der neueste Trend aus den USA, denn mit diesem »Wundertrank« ist es ein Leichtes, Ballaststoffe, Vitamine, Mineralstoffe, Proteine, Spurenelemente, Enzyme und Antioxidanzien schnell und unkompliziert zu sich zu nehmen.

Feigen-Bananen-Smoothie

→ Süß → Fruchtig → Cremig

1 Die Feigen schälen. Die Aprikosen waschen und entsteinen. Die Banane schälen und in grobe Stücke schneiden. Die Früchte auf einen Teller geben und für etwa 30 Minuten im Gefrierfach anfrieren lassen.

2 Die angefrorenen Fruchtstücke mit Eiswürfeln, Orangensaft und Mandelmus oder Honig im Mixer kräftig pürieren und in Gläser füllen.

3 Feige und Banane schälen und in mundgerechte Stücke schneiden. Auf Holzspieße stecken und als »Löffel« zum Umrühren in die Smoothies geben.

Für etwa 500 ml

6 frische, süße Feigen
4 kleine saftige Aprikosen
1 mittelgroße Banane
4 Eiswürfel
150 ml Orangensaft, frisch gepresst
1 EL Mandelmus (aus dem Reformhaus) oder Honig

Zum Garnieren
1 Feige, 1 kleine Banane und 2–4 Holzspieße

Zubereitungszeit
10 Minuten

Anfrierzeit
30 Minuten

Tipps → Speziell im Sommer, wenn die mediterranen Feigen frisch im Angebot sind, sollten Sie nicht lange zögern, von diesen köstlichen Vitaminbomben zu naschen. Sie bestehen aus etwa 80 Prozent Wasser, 1,3 Prozent Protein, 0,5 Prozent Fett, 12,9 Prozent Kohlenhydraten, rund 4,5 Prozent Ballaststoffen und 0,7 Prozent Mineralstoffen. Insbesondere Kalzium, Phosphor, Eisen und Vitamin B1 machen dieses kalorienarme Früchtchen so beliebt bei der gesunden Ernährung.

Johannisbeeren
mit **Papaya**

→ Exotisch → Cremig → Aromatisch

1 Die Johannisbeeren von den Stielen streifen, waschen und trockentupfen. Die Papaya schälen, halbieren, entkernen und in grobe Stücke schneiden. Beide Fruchtsorten auf einen Teller geben und im Gefrierfach etwa 30 Minuten anfrieren lassen.

2 Die angefrorenen Früchte mit Birnen- oder Apfeldicksaft, Buttermilch und Eiswürfeln cremig aufmixen. In Gläser füllen und mit den Kokosspänen garniert servieren.

Für etwa 500 ml

200 g rote Johannisbeeren
1 kleine, vollreife Papaya
2 EL Birnen- oder
Apfeldicksaft (aus
dem Reformhaus)
200 g Buttermilch
4 Eiswürfel

Zum Garnieren
2 EL Kokosspäne

Zubereitungszeit
10 Minuten

Anfrierzeit
30 Minuten

Tipps → Die Papaya gilt ebenso wie die Ananas als Fettkiller, denn das in der Papaya enthaltene Enzym Papain wirkt im Körper fettabbauend. Zudem enthalten Papayas mehr Vitamin C als Kiwis und mehr Vitamin A als Möhren sowie sehr viel Magnesium und Spurenelemente.
Statt der Buttermilch eignen sich auch Naturjoghurt, Kefir, Sojamilch oder Orangensaft als Flüssigkeitszugabe.

Kirschmilch-Smoothie mit Zimt-Mandeln

→ Aromatisch → Fruchtig → Mild

1 Die Kirschen waschen, entstielen und entsteinen. Auf einen Teller geben und für etwa 30 Minuten im Gefrierfach anfrieren lassen.

2 Die angefrorenen Kirschen mit dem Apfeldicksaft oder dem Honig, den Mandeln, der Milch und den Eiswürfeln kräftig aufmixen und pürieren. Beim Turbomixen dauert das etwa 20 bis 30 Sekunden. In Gläser füllen und mit Zimt bestäubt servieren.

Für etwa 500 ml
250 g süße Kirschen
2 EL Apfeldicksaft oder Honig
50 g gehackte Mandeln
150 ml Milch
3 – 4 Eiswürfel

Zum Bestäuben
gemahlener Zimt

Zubereitungszeit
10 Minuten

Anfrierzeit
30 Minuten

Tipps → So schmeckt der Sommer: Statt Kirschen können Sie auch Himbeeren, Brombeeren oder Blaubeeren verwenden, statt der Milch auch Naturjoghurt oder Vanillejoghurt.
Alternativ können Sie den Smoothie auch als Frucht-Smoothie ohne Milch zubereiten. Dazu 250 Gramm Kirschen, 2 Esslöffel Mandelmus (aus dem Reformhaus), 1 Banane, 100 Milliliter Kirschsaft und Eiswürfel mixen. Nach Belieben mit gehackten Mandeln bestreuen.
Im Winter, wenn es keine frischen Kirschen gibt, einfach TK-Kirschen oder entkernte Schattenmorellen aus dem Glas verwenden.

Soja-**Beeren**-Mix
mit **Boysenbeeren**

→ Säuerlich → Cremig → Mild

1 Die Beeren verlesen, waschen und mit Küchenpapier trockentupfen. Die Zitronenmelisseblättchen
waschen und trockenschwenken. Beeren und Zitro-
nenmelisse auf einen Teller geben, mit Puderzucker
bestäuben und für etwa 30 Minuten ins Gefrierfach
stellen.

2 Anschließend mit Honig, Sojamilch und Eiswürfeln
im Mixer kräftig aufmixen, pürieren und in Gläser
füllen. Besonders schöne Beeren auf Cocktailsticker
stecken und quer über die Gläser legen.

Für etwa 500 ml
100 g Erdbeeren
100 g Himbeeren
100 g Boysenbeeren
4–5 frische Zitronen-
melisseblättchen
¼ TL Puderzucker
1–2 EL Honig
150 ml Sojamilch
3–4 Eiswürfel

Zum Garnieren
einige schöne Beeren
und Cocktailsticker

Zubereitungszeit
10 Minuten

Anfrierzeit
30 Minuten

Tipps → In diesem Smoothie haben viele köstliche Sommerbeeren reichlich
Platz. So auch die Boysenbeere, eine Kreuzung aus Himbeere und Brombeere. Im
Juli und August werden diese etwa 3 Zentimeter langen roten Früchte geerntet und
können immer wieder mal auf einem »grünen Markt« erstanden werden. Die Sojamilch kann durch Naturjoghurt, Milch oder Vanilleeis ersetzt werden.

Erdbeeren
mit **Kokos** und **Guave**

→ Cool → Exotisch → Frisch

1 Die Erdbeeren putzen, waschen und je nach Größe halbieren. Die Guaven halbieren und das Fruchtfleisch herauslösen. Erdbeeren und Guavenfruchtfleisch auf einen Teller geben und für etwa 30 Minuten im Gefrierfach anfrieren lassen.

2 Die angefrorenen Früchte mit der Kokosmilch und den Eiswürfeln im Mixer kräftig aufmixen und pürieren. Glasränder anfeuchten und in Kokosraspeln drehen. Den Smoothie in die Gläser füllen und servieren.

Für etwa 500 ml

250 g süße Erdbeeren
2 süße vollreife Guaven
(siehe Tipps)
150 ml ungesüßte Kokosmilch
(aus dem Asialaden)
4 – 6 Eiswürfel

Zum Garnieren
2 EL Kokosraspel

Zubereitungszeit
10 Minuten

Anfrierzeit
30 Minuten

Tipps → Falls frische Guaven angeboten werden, sollten Sie unbedingt zugreifen, denn diese gelben Früchte stecken voller Vitamin C, Eisen und Kalzium. Schale und Kerne der Guave können übrigens mitpüriert werden.
Sollte es keine frischen Guaven geben, können Sie auch 4 frische Maracujas (Passionsfrüchte) oder 100 Milliliter reinen Guavensaft (aus dem Reformhaus) verwenden. Die Maracujas halbieren und das gelbe Fruchtfleisch herauslösen.
Alternativ bietet sich statt der Guaven auch eine Kombination von Kokosnuss und 150 Gramm frischem Ananasfruchtfleisch an.

Bunter **Sommermix** mit **Möhre**

→ Beerig → Fruchtig → Frisch

1 Die Beeren verlesen, entstielen, vorsichtig waschen und mit Küchenpapier trockentupfen. Die Weintrauben entstielen und waschen. Den Pfirsich waschen, das Fruchtfleisch in Spalten vom Kern schneiden. Die Möhre waschen, nicht schälen und mit dem Grün klein schneiden. Alle vorbereiteten Zutaten auf einen Teller geben und im Gefrierfach etwa 30 Minuten anfrieren lassen.

2 Die angefrorenen Zutaten mit Ahornsirup oder Honig und Eiswürfeln im Mixer kräftig aufmixen und pürieren. In Gläser füllen und mit frischen Minzeblättchen garniert servieren.

Für etwa 500 ml
250 g gemischte Beeren,
z. B. Johannisbeeren,
Himbeeren, Erdbeeren
100 g weiße Weintrauben
1 saftiger Pfirsich
1 kleine Bio-Möhre mit Grün
1 EL Ahornsirup oder Honig
4 Eiswürfel

Zum Garnieren
frische Minzeblättchen

Zubereitungszeit
10 Minuten

Anfrierzeit
30 Minuten

Tipps → Frische Beeren im Smoothie schmecken einfach toll. Außerhalb der Beerensaison kann jedoch ohne Weiteres auf tiefgekühlte Beerenmischungen zugegriffen werden. Diese dann beispielsweise mit Naturjoghurt pürieren und zu einem Joghurteis-Smoothie aufmixen.
Statt des Pfirsichs können Sie für diesen Smoothie auch 2 vollreife Aprikosen oder Nektarinen verwenden.

Wassermelone
mit **Tomate** und **Banane**

→ Leicht → Frisch → Außergewöhnlich

1 Das Melonenfruchtfleisch in Stücke schneiden. Die Banane schälen und ebenfalls in Stücke schneiden. Beide Obstsorten auf einen Teller geben und für etwa 30 Minuten zum Anfrieren ins Gefrierfach stellen.

2 Die Tomaten waschen und in kleinere Stücke schneiden. Mit den angefrorenen Früchten und den Eiswürfeln im Mixer kräftig aufmixen und pürieren. Jeweils 2 Datteltomaten abwechselnd mit Melisseblättchen auf je 1 Holzspieß stecken. Den Smoothie in Gläser füllen und mit je 1 Tomatenspieß garnieren.

Für etwa 500 ml

300 g entkerntes Melonenfruchtfleisch
1 Banane
100 g aromatische Datteltomaten
2 Eiswürfel

Zum Garnieren

4 Datteltomaten, einige Melisseblättchen und 2 lange Holzspieße

Zubereitungszeit

10 Minuten

Anfrierzeit

30 Minuten

Tipps → Melonen bestehen zu über 95 Prozent aus Wasser. Beim Einkauf an der Melone schnuppern: Süßlich, frisch und fruchtig muss sie riechen. Das erfrischende Melonenfruchtfleisch harmoniert hervorragend mit der Süße der Datteltomaten und dem Bananenfruchtfleisch.
Alternativ können Sie die Wassermelone auch pur mit Eiswürfeln aufmixen und mit einem Fruchtspieß aus Erdbeeren oder Pfirsichstückchen garnieren. Oder Sie mixen Melonenfruchtfleisch mit Vanilleeis auf und servieren dies mit gehackten Walnüssen bestreut

Pfirsich-Smoothie
mit Honigmelone

→ Süß → Fruchtig → Cremig

Für etwa 500 ml

2 vollreife Pfirsiche

250 g Melonenfruchtfleisch

2 EL Mandelmus (aus dem Reformhaus)

4 – 5 Eiswürfel

Zum Garnieren

1 Kiwi und 2 lange Holzspieße

Zubereitungszeit

15 Minuten

Anfrierzeit

30 Minuten

1 Die Pfirsiche waschen und das Fruchtfleisch in Spalten von den Kernen schneiden. Das Melonenfruchtfleisch klein schneiden und mit den Pfirsichspalten auf einen Teller geben. Für etwa 30 Minuten zum Anfrieren ins Gefrierfach stellen.

2 Die angefrorenen Früchte mit dem Mandelmus und den Eiswürfeln im Mixer pürieren und kräftig aufmixen. Die Kiwi schälen und in gleichmäßige mundgerechte Stückchen schneiden. Auf die Spieße stecken – nach Belieben abwechselnd mit Pfirsichspalten – und zu den Smoothies servieren.

Tipps → Die angegebene Menge »Für etwa 500 ml« kann immer ein wenig nach oben oder unten abweichen. Das hängt maßgeblich von der Größe der Früchte ab, deren Grammzahl pro Stück variiert. Rechnen Sie also nicht sklavisch mit exakt 500 Millilitern; manchmal wird es ein bisschen weniger, meist etwas mehr.
Wenn von einer Frucht wie etwa der Honigmelone noch etwas übrig bleibt, einfach neu mixen oder die Melonenstückchen für den nächsten Smoothie einfrieren.
Bei Pfirsichen sollten Sie keine harten, noch nicht reifen Früchte wählen. Sie müssen süß riechen und sich weich anfühlen. Hocharomatische Pfirsiche sind beispielsweise die Weinbergpfirsiche. Da diese sehr klein sind, sollten Sie für dieses Rezept 3 Stück davon verwenden.

➜ Ananas, Äpfel, Birnen, Brombeeren, Feldsalat, Kohlrabi, Kopfsalat, Kürbis, Möhren, Paprikaschoten, Pflaumen, Radicchio, Rettich, Rote Bete, Sellerie, Spinat, Weintrauben, Zwetschgen

Naturschätze
im **HERBST**

Special: Schönheits-elixiere

Eine Schönheitsbehandlung muss nicht teuer sein – schöpfen Sie einfach aus der Kraft der Natur! Heutzutage essen wir oft zu fett, zu salzig, zu schnell – dabei ist es gar nicht so schwer, Fast Food aus frischen Lebensmitteln selbst zuzubereiten.

Schönheitsvitamine

Die Vitamine A, B, C und E gelten als Schönheitsvitamine. Für die Haut ist Vitamin A zuständig, das die Zellerneuerung verbessert. Zudem schützt es als Hornsubstanz auf der obersten Schicht der Haut vor Umwelteinflüssen. Vitamin-A-Lieferanten sind:

- Avocados
- Aprikosen
- Grünes Blattgemüse
- Papayas
- Paprikaschoten
- Tomaten
- Mangos
- Melone
- Kürbis und vor allem Möhren.

Vitamin B gilt als das Nervenvitamin. Es verhilft zur Entspannung, zu tiefem Schlaf und zu straffer Haut. Es ist unentbehrlich für den Stoffwechsel, wirkt tief in den Hautschichten und bindet dort die Feuchtigkeit. Vitamin B6 ist ausreichend in allen grünen Pflanzen vorhanden. Hier sind besonders grüne Smoothies zu empfehlen. Vitamin C stimuliert das Immunsystem und wirkt positiv auf das Haarwachstum. Es sorgt für Elastizität und Wasserspeicherung in der Haut. Gute Vitamin-C-Lieferanten sind:

- Paprikaschoten
- Zitrusfrüchte
- Salat
- Weintrauben
- Grünes Blattgemüse.

Vitamin E gilt als Schutzvitamin, denn es schützt unsere Zellen vor freien Radikalen und erhöht das Feuchthaltevermögen der Haut. Gute Vitamin-E-Lieferanten sind:

- Kalt gepresste Öle wie Sonnenblumen- oder Weizenkeimöl
- Nüsse und Sonnenblumenkerne.

→ **»Beauty Quickie« als gesundes Fast Food** Dazu 100 Gramm junge Spinatblätter, ½ Teelöffel Weizenkeimöl, 200 Gramm entsteinte saftige Aprikosen, 1 Banane, den Saft von 1 Orange und 100 Milliliter eiskaltes Wasser kräftig aufmixen – und sofort servieren. Nach Belieben mit gehackten Mandeln bestreuen.

Special: **Gesundes** für den **Darm**

Pure Gesundheit trinken und dabei den Darm wie mit einem Besen reinigen – dafür sind Smoothies geradezu prädestiniert. Und speziell zur Entgiftung, im sogenannten Detox-Bereich, werden grüne Smoothies empfohlen, denn diese enthalten viele Ballaststoffe und Nährstoffe, die reinigend und wohltuend auf den Magen-Darm-Trakt wirken. Zudem liefern Smoothies dem Körper Vitamine, Mineralstoffe und die nötigen Rohfasern für eine gute Verdauung, die die Darmwände von Schleim, Bakterien und Ablagerungen befreien.

Neue Kräfte tanken

Ein gesunder Darm hat auf den Körper ebenso positive Auswirkungen wie auf die Psyche. Altlasten werden abgestreift, der Verzehr von gesunder Nahrung trägt zu mehr Energie und zu neuen Kräften bei. Nach wie vor nehmen viele Menschen zu wenig Obst und Gemüse zu sich, insbesondere zu wenige grüne Blatt- und Gemüsepflanzen. Hier können grüne Smoothies Abhilfe schaffen: Damit können Sie Ihren Tagesbedarf an Vitaminen und Mineralstoffen decken und sich etwas Gutes tun.

Enzymreiche Nahrung

Für eine gut funktionierende Verdauung spielen Enzyme eine entscheidende Rolle, weil sie die Nahrung aufspalten, die vom Körper aufgenommen wird. Unser Verdauungssystem produziert zwar selbst Verdauungsenzyme, doch kann die Verdauung zusätzlich durch eine enzymreiche Ernährung unterstützt und gefördert werden. Rohes Gemüse und frisches Obst sind von Natur aus sehr enzymreich und helfen dabei, den Verdauungstrakt zu entlasten.

Um den Darm gesund zu halten und ihn gewissermaßen regelmäßig durchzuspülen, ist es auch wichtig, über den Tag verteilt genügend Flüssigkeit zu sich zu nehmen. Smoothies werden in der Regel mit Wasser zubereitet; so helfen sie, Giftstoffe und Schlacken auszuleiten.

→ **Trinken Sie sich gesund** Und zwar mit allem, was die Natur zu bieten hat. Für einen Gesundheits-Smoothie 2 Äpfel (z. B. Granny Smith), 1 saftige Mango, 1 Handvoll Feldsalat und 50 Gramm entsteinte Datteln mit etwas Wasser und nach Belieben mit etwas frischem Ingwer kräftig aufmixen.

Pflaumen
mit **Roter Bete**

→ Süß → Scharf → Fruchtig

1 Die Pflaumen waschen und entsteinen. Die Rote Bete unter fließendem kaltem Wasser waschen, mit Gummihandschuhen schälen – das Gemüse färbt stark – und in Stücke schneiden. Den Apfel waschen, vierteln und vom Kerngehäuse befreien.

2 Pflaumen, Rote Bete und Apfelviertel mit Meerrettich, Honig und Eiswürfeln im Mixer kräftig aufmixen und pürieren. In Gläser füllen und mit 1 Esslöffel Naturjoghurt garniert sowie mit Zimt bestäubt servieren.

Für etwa 500 ml
250 g süße Pflaumen
1 kleine Knolle Rote Bete
1 Bio-Apfel
1 TL frisch geriebener
Meerrettich (siehe Tipps)
1 EL Honig
4–5 Eiswürfel

Zum Garnieren
2 EL Naturjoghurt und etwas
gemahlener Zimt

Zubereitungszeit
15 Minuten

Tipps → Für dieses Rezept eignet sich am besten frischer Meerrettich, der leicht geschabt wird. Natürlich können Sie auch Meerrettich aus dem Glas verwenden. Zusammen mit dem Honig verleiht er dem Smoothie eine leichte Schärfe, verbunden mit einer süßen Geschmacksnote.
Falls vorhanden, können auch die Blätter der Roten Bete mit verarbeitet werden. Diese waschen, etwas kleiner schneiden und mit in den Mixer geben.
Sollten die Pflaumen nicht süß genug sein, einfach ein paar entsteinte Trockenpflaumen klein schneiden und unter den Smoothie mixen.

Grüner **Mango-Kohlrabi** mit **Kurkuma**

→ Exotisch → Fruchtig → Säuerlich

Für etwa 500 ml

1 kleine saftige Thai-Mango
etwa 1 cm Kurkuma (Gelb-
wurz)
1 Bio-Limette
50 g zarte Kohlrabiblätter
etwas Möhrengrün
2 Fingerbananen

Zum Garnieren

2 Fingerbananen
Saft von ½ Limette
2 EL Kokosraspel
2 Holzspieße

Zubereitungszeit

15 Minuten

1 Die Mango schälen und das Fruchtfleisch vom Kern schneiden. Die Kurkuma schälen und in grobe Stücke schneiden. Limette waschen, mit Küchenpapier fest abreiben und von der Schale etwas abreiben. Die Frucht auspressen. Die Kohlrabiblätter sowie das Möhrengrün waschen und etwas zerrupfen. Die Fingerbananen schälen und halbieren.

2 Mango, Kurkuma, Limettenschale, Kohlrabiblätter, Möhrengrün und Bananen mit Limettensaft und 100 Milliliter Wasser cremig-schaumig aufmixen.

3 Zum Garnieren die Fingerbananen schälen und jeweils auf einen Holzspieß stecken. Mit Limettensaft beträufeln und in Kokosraspeln wälzen. Den Smoothie in Gläser füllen und die Bananenspieße in die Gläser geben.

Tipps → Grüne Smoothies sind im Vergleich zu reinen Frucht-Smoothies nicht sonderlich süß. Sie zeichnen sich durch die enthaltenen Früchte und deren Fruchtsüße aus. Wer mehr Süße möchte, kann 1 Esslöffel Ahornsirup dazugeben.

Traubenmix mit Äpfeln

→ Frisch → Cool → Fruchtig

1 Die Trauben entstielen, waschen und trockentupfen. Den Apfel waschen, vierteln, vom Kerngehäuse befreien und in Stücke schneiden. Die vorbereiteten Zutaten auf einen Teller geben und für etwa 30 Minuten zum Anfrieren ins Gefrierfach stellen. Die Zitronenmelisseblättchen waschen und trockenschütteln.

2 Die angefrorenen Früchte mit den Zitronemelisseblättchen, dem Apfelsaft und den Eiswürfeln gründlich pürieren und aufmixen.

3 Zum Garnieren die Sultana-Trauben waschen, trockentupfen und einzeln auf die Holzspieße stecken. Den Smoothie in Gläser füllen und mit den Traubenspießen garniert servieren.

Für etwa 500 ml

150 g süße Sultana-Trauben
150 g kernlose rote Weintrauben
1 Bio-Apfel, z. B. Elstar
einige Zitronenmelisseblättchen
100 ml naturtrüber Apfelsaft
4 Eiswürfel

Zum Garnieren

100 g süße Sultana-Trauben und 2 lange Holzspieße

Zubereitungszeit

10 Minuten

Anfrierzeit

30 Minuten

Tipps → Von diesem erfrischenden Traubenmix die doppelte Menge zubereiten und verteilt über den Tag als »Gute-Laune-Mix« genießen. Restlichen Smoothie mit Folie abdecken und kühl stellen. Vor dem Servieren gut umrühren, in frische Gläser füllen und z. B. mit Kokosraspeln bestreuen. Das in den Traubenschalen enthaltene Resveratrol ist für die Gesundheit sehr gut. Resveratrol verbessert die Durchblutung des Gehirns, reguliert den Blutzucker und unterstützt bei der Gewichtsabnahme.

Grüner Smoothie
mit **Mirabellen**

→ Fruchtig → Grün → Außergewöhnlich

Für etwa 500 ml
200 g saftige Mirabellen
2 kleine Bananen
1 Orange
50 g Kopfsalatblätter

Zum Garnieren
einige Stängel Petersilie

Zubereitungszeit
10 Minuten

1 Mirabellen waschen und entsteinen. Bananen schälen und in Stücke schneiden. Die Orange so schälen, dass auch die weiße Haut entfernt wird; das Fruchtfleisch ebenfalls in Stücke schneiden. Die Kopfsalatblätter einzeln waschen, trockenschwenken und in Streifen schneiden.

2 Mirabellen, Bananen- und Orangenstücke sowie Kopfsalatstreifen mit 100 Milliliter Wasser im Mixer aufmixen und pürieren. In Gläser füllen und mit Petersilie garniert servieren.

Tipps → Steinobst wie Mirabellen, Zwetschgen, Reneklloden und Pflaumen lässt sich hervorragend verarbeiten, ob Sie nur ein paar Früchte als Beigabe oder das Obst als Hauptkomponente im Smoothie verwenden.
Mirabellen sind überwiegend im August erhältlich; zu Beginn des Herbstes werden aber ebenfalls vielfach noch schöne, überreife Früchte angeboten.
Geübte Grüne-Smoothie-Fans bereiten sich in der Regel ein Getränk von 1 bis 1,5 Liter für ihren täglichen Gebrauch zu. Die Rezepte in diesem Buch sind für etwa 500 Milliliter berechnet. Bei höherem Bedarf einfach das Rezept verdoppeln oder verdreifachen.

Naturschätze im Herbst

Pitahaya-Beeren mit **Haferflocken**

→ **Beerig** → **Kernig** → **Cremig**

1 Brombeeren oder die gemischten Beeren verlesen, waschen und trockentupfen. Die Pitahaya-Früchte halbieren und das Fruchtfleisch herauslösen. Die Banane schälen und in Stücke schneiden. Die vorbereiteten Zutaten auf einen Teller geben und für etwa 30 Minuten zum Anfrieren ins Gefrierfach stellen.

2 Die angefrorenen Früchte mit Honig, Haferflocken und Naturjoghurt im Mixer kräftig aufmixen und pürieren. In Gläser füllen und mit je 1 Brombeersticker sowie nach Belieben mit einigen Pitahaya-Stücken garniert servieren.

Für etwa 500 ml

100 g Brombeeren (oder gemischte Beeren, siehe Tipps)
2 Pitahaya-Früchte (siehe Tipps)
1 große reife Banane
1 EL Honig
50 g Haferflocken
150 g Naturjoghurt

Zum Garnieren

2 Cocktailsticker mit Brombeeren

Zubereitungszeit

10 Minuten

Anfrierzeit

30 Minuten

Tipps → Alle Beerensorten sind in diesem Smoothie willkommen, so etwa die noch relativ unbekannten Logan-, Boysen- und Taybeeren, die aus unterschiedlichen Kreuzungen aus Himbeere und Brombeere entstanden sind. Falls keine frischen Beeren zu bekommen sind, können Sie auch einfach eine TK-Beerenmischung verwenden. Pitahaya-Früchte, auch Drachenfrüchte genannt, sind oval bis eiförmig, gelb mit warzenartigen Auswüchsen oder rot mit glatter Haut und haben ein unverwechselbares süßes Aroma. Zudem enthalten sie reichlich Vitamin B und C.

Dschungelmix
Ananas-Kokos

→ **Fruchtig** → **Exotisch** → **Frisch**

1 Die Ananas schälen, vierteln, vom Strunk befreien und in Stücke schneiden. Die Mango schälen und das Fruchtfleisch vom Kern schneiden. Die Banane ebenfalls schälen und in Stücke schneiden. Die vorbereiteten Früchte auf einen Teller geben und für etwa 30 Minuten zum Anfrieren ins Gefrierfach stellen.

2 Die angefrorenen Früchte mit der Kokosmilch im Mixer kräftig aufmixen und pürieren. In Gläser füllen und mit Kokosraspeln garniert servieren.

Für etwa 500 ml
1 saftig süße Babyananas
1 Mango, z. B. eine kleine Thai-Mango
1 Banane
150 ml Kokosmilch

Zum Garnieren
1 EL Kokosraspel

Zubereitungszeit
15 Minuten

Anfrierzeit
30 Minuten

Tipps → Für spontanen Smoothie-Genuss einfach Früchte auf Vorrat einfrieren. Dazu 1 Ananas schälen, in kleine Stücke schneiden, in einen Gefrierbeutel füllen und einfrieren. Ebenso mit anderen Früchten wie z. B. Mango, Papaya, Banane und Beeren verfahren. Die gefrorenen Früchte portionsweise aus dem Gefrierschrank nehmen und nach Belieben mit Milch oder Fruchtsäften, Joghurt oder Wasser aufmixen und pürieren.
Alkohol bietet sich für Smoothies ebenfalls an. So kann der Dschungelmix mit einem Schuss weißem Rum eine Colada oder ein Beerenmix mit einem Gläschen Cassis (Johannisbeerlikör) ein schöner Digestif werden.

Birnen-Granatapfel-Soja-Smoothie

→ Aromatisch → Cremig → Fruchtig

Für etwa 500 ml

1 Granatapfel
1 aromatische Bio-Birne,
z.B. Abate oder Williams
1 EL Honig
200 ml Sojamilch
4–5 Eiswürfel

Zum Garnieren

2 EL klein gewürfelte
frische Datteln oder
Granatapfelkerne

Zubereitungszeit

15 Minuten

1 Den Granatapfel quer in Scheiben schneiden und möglichst mit Gummihandschuhen – der Saft färbt stark – die Kerne aus den Segmenten herausdrücken. Nach Belieben einige Granatapfelkerne zum Garnieren beiseitestellen. Die Birne waschen, längs vierteln, vom Kerngehäuse befreien und in Stücke schneiden.

2 Die vorbereiteten Zutaten mit Honig, Sojamilch und Eiswürfeln im Mixer kräftig aufmixen und pürieren. In Gläser füllen und mit Dattelwürfelchen oder den beiseitegestellten Granatapfelkernen garniert servieren.

Tipps → Die Granatapfelkerne und die Birnenstückchen können auch etwa 30 Minuten im Gefrierfach angefroren werden, dann wird der Smoothie noch smoothiger.
Aus diesem Smoothie können Sie auch einen reinen Frucht-Smoothie ohne Sojamilch, dafür mit reinem Traubensaft machen.
Übrigens harmoniert Granatapfel auch hervorragend mit Mango: Dazu die Birne einfach durch eine saftig-süße Mango ersetzen.

Weintrauben-Smoothie
mit **Radicchio**

→ Außergewöhnlich → Pikant → Fruchtig

Für etwa 500 ml

150 g blaue, süße
Weintrauben
1 saftig-süße Bio-Birne
½ kleiner Radicchio
1 Msp. Currypulver

Zubereitungszeit
10 Minuten

1 Die Weintrauben entstielen, waschen und trockentupfen. Die Birne waschen, längs vierteln, vom
Kerngehäuse befreien und in Stücke schneiden. Den
Radicchio in einzelne Blätter teilen; die Radicchioblät-
ter waschen und in Streifen schneiden.

2 Trauben, Birnenstücke und Radicchiostreifen mit
Currypulver und – je nach gewünschter Konsistenz –
mit etwas Wasser im Mixer aufmixen und pürieren.
In Gläser füllen und servieren.

Tipps → Sie können auch eine Frucht-Smoothie-Variante zubereiten. Hierfür
150 Gramm Weintrauben mit 2 Esslöffel Preiselbeeren (aus dem Reformhaus), einigen
entsteinten Pflaumen, 1 Banane, 150 Gramm Vanillejoghurt und 3 bis 4 Eiswürfeln
kräftig aufmixen und pürieren. In Gläser füllen und mit einer Mischung aus je 1 Mes-
serspitze Kakaopulver und Kardamom oder Zimt bestäuben.
Vom Einfrieren der Smoothies sollten Sie eher Abstand nehmen, da die Getränke
von ihrer Frische leben – und ja auch ganz fix zubereitet sind. Bleibt etwas übrig, den
Rest luftdicht verschließen, in den Kühlschrank stellen und noch am gleichen Tag
aufbrauchen.

Sellerie-Paprika
mit Orange

→ Frisch → Smooth → Pikant

1 Den Knollensellerie waschen und schälen, die Möhre waschen und putzen und beides in Stücke schneiden. Die Paprikaschote waschen, entkernen und ebenfalls in Stücke schneiden. Die Orange heiß waschen, mit Küchenpapier trockenreiben und von der Schale etwas abreiben. Die Frucht auspressen.

2 Die Selleriestange waschen, putzen und dabei das Grün abzupfen. Die Selleriestange längs in zwei Hälften schneiden.

3 Knollensellerie, Möhre, Paprika, Orangensaft und Selleriegrün mit Joghurt und Eiswürfeln im Mixer aufmixen und pürieren. Mit Pfeffer würzen und in Gläser füllen. Je 1 Selleriestangenhälfte in ein Glas stecken und den Smoothie mit der abgeriebenen Orangenschale und etwas Selleriegrün garniert servieren.

Für etwa 500 ml
50 g Knollensellerie
1 kleine Möhre
½ rote Paprikaschote
1 Bio-Orange
1 kleine Stange Sellerie
mit Grün
150 g fettarmer Naturjoghurt
3 – 4 Eiswürfel
schwarzer Pfeffer aus der
Mühle, grob geschrotet

Zubereitungszeit
15 Minuten

Tipps → Gemüse-Smoothies enthalten im Gegensatz zu Frucht-Smoothies weniger Zucker und haben somit auch weniger Kalorien. Folgt man den Jahreszeiten, so erhält man immer wieder saisonale Gemüse, die eine tolle Smoothie-Abwechslung ergeben. Diese nach Belieben mit Gewürzen verfeinern, beispielsweise mit Chili, Kardamom, Zimt, Muskatnuss, Kurkuma, Curry, Fenchelsamen, Kümmel, Koriander, Paprika, Anis, Pfeffer – oder mit einer Prise Meersalz.

➜ Ananas, Äpfel, Bananen, Birnen, Feldsalat, Fenchel, Grapefruits, Grünkohl, Mandarinen, Mangold, Möhren, Salatgurke, Sanddornbeeren, Sellerie

Vitaminbomben im **WINTER**

Special: **Smoothies** für **Leib** und **Seele**

Wer sich für Smoothies entscheidet, hat schon die Entscheidung getroffen, etwas Gesundes zu trinken – mit wahrer Begeisterung bleibt man jedoch nur länger dabei, wenn sich der gesunde Smoothie auch zu einem wirklichen Wohlfühlgetränk entwickelt. Was nicht schmeckt und deswegen nur eher widerwillig getrunken wird, nützt auf Dauer natürlich auch der Gesundheit nichts.

Immer wieder etwas ausprobieren

Jeder hat individuelle Vorlieben und seinen ganz persönlichen Geschmack. Der eine liebt Ingwer, den anderen kann man damit jagen. Während der eine Äpfel liebt, mag der andere auf Birnen nicht verzichten.

Das Schöne an Smoothies ist, dass einfach alles ganz nach persönlichem Geschmack gemixt werden kann. Jede Zutat, die nicht nach Gusto ist, kann schlicht weggelassen oder durch eine andere Zutat ersetzt werden. So kann aus einem Apfel-Möhren-Joghurt-Ingwer-Drink problemlos ein Birnen-Aprikosen-Fruchtsaft-Honig-Drink werden.

Gesundheit für Körper und Seele

Mit Smoothies können Sie sich gesund, schlank und energiegeladen satttrinken. Smoothies bedeuten Wohlfühlen mit pflanzlicher Kost, denn die hält jung und vermittelt uns ein positives Lebensgefühl. Ein Nährstoffmangel hingegen beschleunigt den Alterungsprozess und kann uns gründlich die Laune verderben. Auch Grünzeugmuffeln, die Schwierigkeiten haben, einen Teller voll frischer Vitamine zu essen, kommen Smoothies entgegen: einfach alles in den Mixer werfen, das Ganze vielleicht noch eisgekühlt und mit Schirmchen serviert. Das ist Gesundheit leicht gemacht.

→ **Das Auge isst mit** Da lacht das Smoothie-Herz, wenn die Smoothies dekorativ aufgehübscht auf den Tisch kommen! Wie wäre es beispielsweise damit, den Rand eines Cocktailglases mit Zitronensaft anzufeuchten, ihn in Zucker zu drehen und leicht abzuklopfen? Dann aus Banane, Erdbeeren und Eiswürfeln einen Smoothie mixen und einfüllen. Als zusätzliche Deko 1 Erdbeere auf einen Cocktailspieß stecken und in den Smoothie geben – fertig!

Special: **Immunabwehr** – geballte **Kraft** aus der **Natur**

In der Apotheke der Natur finden wir die besten Stoffe, die uns dabei helfen, unsere Abwehrkräfte zu stärken. Die geballte Pflanzenkraft können wir nutzen, um die körpereigenen Depots mit Vitaminen, Mineralstoffen und Spurenelementen aufzufüllen. Vor Erkältungen und Entzündungen im Winter schützen die Vitamine A, C und E sowie das Spurenelement Selen. Cholin und Inositol – Vitamine der B-Gruppe – tragen zusätzlich zu einer gesunden, immungesicherten Schutzschicht aller Körperzellen bei.

»An apple a day keeps the doctor away«

Dieses Sprichwort ist immer modern – nur dass es angesichts der heutigen Denaturierung der Lebensmittel, der um sich greifenden Fehlernährung und der zahlreichen Umwelteinflüsse eigentlich drei Äpfel pro Tag sein müssten. Denn die handlichen Vitaminpakete enthalten Gesundheit pur: Mineralstoffe wie Kalzium und Eisen sind gut für die Knochen, für die Zähne und die Blutbildung, und das reichlich enthaltene Vitamin C bekämpft Erkältungsviren.

Nicht zerkochen!

Alle bioaktiven Wirkstoffe sind hitzeempfindlich. So ist es beispielsweise gesünder, Brokkoli nicht gekocht, sondern roh zu verzehren, damit das enthaltene Magnesium und das Kalzium auch ihre Wirkung entfalten können. Der knackige Fenchel wirkt roh verzehrt mit seiner großen Menge an Vitamin C geradezu phänomenal.

Dem Körper Gutes tun

In den kälteren Jahreszeiten, vor allem in der Übergangszeit vom Herbst zum Winter, ist unser Immunsystem besonders anfällig. Hier kann mit der richtigen Ernährung gezielt vorgebeugt werden. Erkältungen beispielsweise macht Vitamin C den Garaus; dies ist u. a. in Kiwis und Ingwer enthalten, die entsprechend dabei helfen, die Abwehrkräfte zu stärken. Grüne Paprikaschoten gelten als Vitamin-C-Spender pur und bringen das Immunsystem auf Hochtouren.

→ **Power-pur-Smoothie** Dafür ½ Fenchelknolle, 1 Banane, etwas frischen Ingwer, 2 bis 3 Orangen – auch Blutorangen – und Wasser mixen. Nach Belieben mit Kokosraspeln bestreut servieren.

Würziger **Bananen-Grünkohl** mit **Erdnuss**

→ Grün → Würzig → Kräftig

1 Den Grünkohl verlesen. Den Strunk abschneiden, die Blätter waschen und trockenschütteln. Die Mango schälen und das Fruchtfleisch vom Kern schneiden. Die Banane schälen und in Stücke schneiden.

2 Grünkohl, Mango und Banane mit Naturjoghurt, Erdnussbutter, Chiligewürz und 100 Milliliter Wasser im Mixer kräftig aufmixen und glatt pürieren. Falls der Smoothie zu dickflüssig wird, noch etwas Wasser zugeben. In Gläser füllen und mit etwas Honig beträufelt sowie mit gehackten Erdnüssen bestreut servieren.

Für etwa 500 ml

250 g Grünkohl
1 kleine, saftige Mango
1 reife Banane (siehe Tipps)
150 g Naturjoghurt
2 EL Erdnussbutter
1 Msp. Chiligewürz
(siehe Tipps)

Zum Garnieren

1 TL Honig und 1 EL fein gehackte ungesalzene Erdnüsse

Zubereitungszeit

15 Minuten

Tipps → Reife Bananen, die wegen ihrer Schwarzfärbung auf den Schalen nicht mehr so appetitlich aussehen, sind genau richtig für einen Smoothie: Die Verfärbung der Schalen bedeutet, dass sich die im Bananenfruchtfleisch enthaltene Stärke durch die Lagerung bzw. Reifung in Zucker verwandelt hat. Die reife Banane schmeckt süßer und hat einen noch intensiveren Bananengeschmack.
Chiligewürz besteht im Unterschied zu Chilipulver nicht ausschließlich aus Chilischoten, sondern ist eine Mischung aus schwarzem Pfeffer sowie getrockneten Paprika- und scharfen Chiliflocken. Dieses Gewürz ist nicht durchweg scharf, sondern schmeckt eher kräftig-würzig.

Apfel-Sanddorn
mit **Möhren**

→ Fruchtig → Herb → Cremig

1 Möhre und Äpfel unter fließendem kaltem Wasser gründlich waschen. Die Möhre putzen und in Stücke schneiden, die Äpfel vierteln und vom Kerngehäuse befreien. Die Banane schälen und in grobe Stücke schneiden.

2 Möhrenstücke, Apfelviertel und Bananenstücke mit Sanddornsaft und Vanilleeis im Mixer kräftig aufmixen und pürieren. In Gläser füllen und mit gehackten Haselnüssen bestreut servieren.

Für etwa 500 ml
1 mittelgroße Möhre
2 Äpfel
1 Banane
100 ml Sanddornsaft
(aus dem Reformhaus)
1 Kugel Vanilleeis (siehe Tipps)

Zum Garnieren
1 EL gehackte Haselnüsse

Zubereitungszeit
10 Minuten

Tipps → Der herb-frisch schmeckende Sanddorn, auch als Sand- oder Fasanbeere bekannt, schmeckt am besten, wenn die Beeren vollreif sind. Doch meist gibt es ihn nur als puren Saft zu kaufen, häufig gesüßt, denn die an Meeresküsten oder Gebirgsflüssen gedeihenden Beeren sind recht sauer. Dafür ist Sanddorn jedoch für seinen hohen Vitamin-C-Gehalt bekannt.
Das Vanilleeis macht den Smoothie cremig und kühl. Bei winterlichen Temperaturen empfiehlt es sich, als Variante statt Speiseeis 100 Gramm Naturjoghurt zu verwenden. Die Haselnüsse können auch durch gehackte Walnüsse oder klein gewürfelte Datteln ersetzt werden.

Holunder-Apfel
mit **Vanille**

→ Cremig → Kühl → Säuerlich

1 Die Äpfel waschen, vierteln und vom Kerngehäuse befreien.

2 Apfelviertel mit dem Apfelsaft, dem Holundersaft, dem Honig, dem Vanillemark und den Eiswürfeln kräftig aufmixen. In Gläser füllen und mit Sultaninen bestreut servieren.

Für etwa 500 ml
2 säuerliche Bio-Äpfel
150 ml naturtrüber Apfelsaft
150 ml Holundersaft
2 EL Honig
Mark von ¼ Vanilleschote
4–5 Eiswürfel

Zum Garnieren
2 EL Sultaninen

Zubereitungszeit
10 Minuten

Tipps → Noch smoothiger wird es, wenn die Apfelstücke im Gefrierfach etwa 30 Minuten anfrieren. Die Vitaminparty in Ihrem Glas enthält viel Vitamin C, das Sie vor freien Radikalen schützt – und somit beispielsweise Erkältungserregern entgegenwirkt.
Wenn etwas übrig bleibt – ob halbe (geschälte) Bananen, halbe Orangen oder Äpfel, ein paar Weintrauben, ein Stück Mango oder eine andere Smoothie-Zutat – diese einfach essen oder auf einem Teller im Gefrierfach sammeln. Der nächste Smoothie kommt bestimmt, und dann wandert einfach alles aus dem Gefrierfach in den Mixer. Je eisgekühlter die Zutaten, desto cremiger wird der Smoothie.

Grüner Eisberg-Smoothie mit Goji-Beeren

→ Grün → Exotisch → Fruchtig

1 Den Eisbergsalat in Streifen schneiden, waschen und trockenschütteln. Die Banane schälen und in kleinere Stücke schneiden. Die Eisbergsalatstreifen und die Bananenstücke mit den Goji-Beeren sowie mit 250 Milliliter Wasser auf höchster Stufe im Mixer pürieren und aufmixen.

2 Den orangefarbenen Smoothie in Gläser füllen und mit den restlichen Goji-Beeren garnieren. Selleriestange waschen, putzen, längs halbieren und zum Umrühren in die Gläser stellen.

Für etwa 500 ml

150 g Eisbergsalat
1 vollreife Banane
1 EL getrocknete Goji-Beeren
(siehe Tipps)

Zum Garnieren

1 TL getrocknete Goji-Beeren
und ½ Stange Sellerie

Zubereitungszeit

10 Minuten

Tipps → Sie können das Wasser auch zur Hälfte durch frisch gepressten Orangensaft ersetzen.
Die winterfesten Goji-Beeren gibt es entweder getrocknet zu kaufen oder sie können frisch aus dem Bio-Anbau bezogen werden. Wenn Sie frische Beeren verwenden, wählen Sie die doppelte Menge. Goji-Beeren werden weltweit als »Superfood« gehandelt, denn sie enthalten beispielsweise um ein Vielfaches mehr an Vitamin C als Orangen. Ersatzweise können Sie aber auch Cranberrys oder getrocknete Sauerkirschen verwenden. Wer mag, kann den Eisbergsalat durch Feldsalat und die Banane durch 2 Fingerbananen ersetzen.

Mango-Papaya
mit Grünkohl

→ Fruchtig → Grün → Exotisch

1 Die Mango schälen und das Fruchtfleisch vom Kern schneiden. Die Papaya schälen, halbieren, die Kerne entfernen und das Fruchtfleisch in Stücke schneiden. Den Grünkohl waschen, trockenschütteln und in Streifen schneiden.

2 Mango, Papaya und Grünkohl mit 200 Milliliter Wasser in den Turbomixer geben, pürieren und kräftig aufmixen. In Gläser füllen und mit Kurkuma bestäubt servieren.

Für etwa 500 ml
1 saftige Mango
1 kleine, reife Papaya
4 Blätter Grünkohl
1 Prise Kurkuma

Zubereitungszeit
15 Minuten

Tipps → Grüne Smoothies wirken vor allem in der kälteren Jahreszeit wie Vitaminbomben. Eventuell die doppelte Menge zubereiten, mit Folie abdecken und in den Kühlschrank stellen. Entweder den restlichen Smoothie in ein Glas umfüllen und genießen oder zusammen mit 1 bis 2 Bananen im Mixer nochmals durchmixen und dann genießen.
Für Einsteiger sind grüne Smoothies etwas gewöhnungsbedürftig; allein die Vorstellung, flüssigen Grünkohl oder Feldsalat zu trinken, mag abschrecken. Doch probieren Sie diesen Smoothie einfach einmal aus und experimentieren Sie etwas mit der Konsistenz, den Zutaten und der Wassermenge. Manche möchten etwas weniger Wasser und lieben den Smoothie dickflüssiger, andere geben vielleicht noch ein Stück Banane dazu, um ihren individuell harmonischen Geschmack zu finden.

Grüner Apfel-Smoothie
mit Ingwer

→ Scharf → Smooth → Grün

1 Die Äpfel waschen, vierteln, vom Kerngehäuse befreien und in Stücke schneiden. Die Salatgurke sowie den Ingwer unter fließendem kaltem Wasser gründlich abbürsten und mit Küchenpapier trockenreiben. Die Gurke längs halbieren und ebenso wie den Ingwer in kleinere Stücke schneiden.

2 Äpfel, Gurke und Ingwer mit grünem Tee im Mixer pürieren und kräftig aufmixen. Zum Garnieren die Salatgurke schälen, längs halbieren, entkernen und in Streifen schneiden. Auf Spieße stecken und in die grünen Smoothies stellen.

Für etwa 500 ml
2 Bio-Granny-Smith-Äpfel
½ Salatgurke
1–2 cm frische Ingwerwurzel
150 ml kalter grüner Tee

Zum Garnieren
½ Salatgurke und 2 lange Holzspieße

Zubereitungszeit
15 Minuten

Tipps → Nach Belieben den Smoothie mit zerstoßenem Eis aufmixen – was im Winter allerdings ein ziemlich kühles Vergnügen werden kann. Falls noch etwas Süße gewünscht ist, einfach ein wenig Honig untermixen.
Die Schalen von Gurke und Ingwer sind sehr gesund, beim Einkauf deshalb auf Bio-Qualität achten. Der grüne Smoothie kann mit der Zugabe von 1 Banane noch cremiger gemixt werden.

Rosa **Grapefruit**-Smoothie mit **Buttermilch**

→ Cremig → Fruchtig → Feinherb

1 Die Grapefruit so schälen, dass auch die weiße Haut vollständig entfernt wird. Das Fruchtfleisch mit einem scharfen Messer filetieren; 4 Filets zum Garnieren beiseitelegen. Die Ananas schälen, den Strunk entfernen und das Fruchtfleisch in Stücke schneiden. Die Banane ebenfalls schälen und in Scheiben schneiden.

2 Grapefruit, Ananas und Bananenscheiben mit Mandelmus oder Honig und Buttermilch im Mixer kräftig aufmixen und pürieren. In Gläser füllen und mit je 2 Grapefruitfilets garniert sowie mit gehackten Mandeln bestreut servieren.

Für etwa 500 ml
1 große rosa süß-saftige Grapefruit
½ süß-saftige Babyananas
1 Banane
1 EL Mandelmus (aus dem Reformhaus) oder Honig
150 ml Buttermilch

Zum Garnieren
1 EL gehackte Mandeln

Zubereitungszeit
15 Minuten

Tipps → Dieser feinherbe Smoothie kann auch ausschließlich aus Früchten hergestellt werden. Dazu die Buttermilch durch 1 Orange und etwa 100 Milliliter Multivitaminsaft ersetzen.
Die Buttermilch je nach Geschmack durch normale Voll- oder Magermilch, Joghurt oder Sojamilch austauschen.
Wer den Smoothie »mit Schuss« möchte, verwendet statt Buttermilch Kokosmilch und gibt etwas weißen Rum dazu. Dann den Rand der Gläser mit Grapefruitsaft befeuchten und diese in Kokosraspeln oder Zucker drehen.

Blutorangen-Smoothie
mit **Kaki**

→ Exotisch → Fruchtig → Cremig

1 Die Blutorangen so schälen, dass auch die weiße Haut entfernt wird. Das Fruchtfleisch in kleine Stücke schneiden und falls nötig entkernen. Die Kaki-Früchte waschen; Stielansätze entfernen und das Fruchtfleisch in Viertel schneiden.

2 Blutorangenstücke und Kaki-Viertel mit Sahnequark und Honig im Mixer kräftig aufmixen und pürieren. In Gläser füllen und mit frischen Minzeblättchen garniert servieren.

Für etwa 500 ml

2 saftige Blutorangen, z.B. Sorte Moro
2 Kaki-Früchte (auch Sharon-Früchte genannt)
250 g Sahnequark
1 EL Honig

Zum Garnieren
frische Minzeblättchen

Zubereitungszeit
10 Minuten

Tipps → Statt der Blutorangen können auch Saftorangen und statt der Kaki-Früchte können 1 bis 2 kleine süß-saftige Mangos verwendet werden. Den Sahnequark können Sie durch Naturjoghurt oder Sojamilch ersetzen.
Dieser Smoothie kann auch nur mit Früchten hergestellt werden. Dazu die Menge der Früchte verdoppeln, die Früchte etwa 30 Minuten im Gefrierfach anfrieren und mit Honig kräftig aufmixen und pürieren.
Für die meisten Frucht-Smoothies, die eine weichere Struktur und Textur als Gemüse-Smoothies haben, kann auch ein Stabmixer in einem tiefen Behälter verwendet werden.

Mandarinen-Smoothie
mit getrockneten **Feigen**

→ Süß → Fruchtig → Smooth

Für etwa 500 ml
2 saftige, kernlose
Mandarinen
1 Banane
2 getrocknete Feigen

Zum Garnieren
2 getrocknete Feigen und
2 lange Holzspieße

Zubereitungszeit
10 Minuten

1 Die Mandarinen schälen, auf Kerne prüfen und in Spalten teilen. Die Banane schälen und in Stücke schneiden. Die Feigen in grobe Stücke schneiden.

2 Mandarinen, Bananen und Feigen mit 250 Milliliter Wasser im Mixer kräftig aufmixen und pürieren. Zum Garnieren die restlichen getrockneten Feigen auf Holzspieße stecken. Den Smoothie in Gläser füllen und mit Feigenspießen garniert servieren.

Tipps → Normalerweise reicht der natürliche Fruchtzucker aus, um den Smoothies eine angenehme Süße zu verleihen. Wem das nicht genügt, hat jederzeit die Möglichkeit, das Getränk nachzusüßen. Bei den Rezepten in diesem Buch werden ausschließlich natürliche Süßungsmittel wie Honig oder Ahornsirup verwendet. Selbstverständlich bleibt es Ihnen überlassen, ob Sie zudem mit weißem oder braunem Zucker oder mit Süßstoff nachhelfen wollen. Oder Sie probieren es einmal mit Sukrin, einem in Reformhäusern erhältlichen kalorienfreien Süßungsmittel, das aus 100 Prozent Frucht hergestellt wird.

Gewürzter
Weihnachts-Smoothie

→ Aromatisch → Süß → Edel

1 Den Granatapfel in dicke Scheiben schneiden und möglichst mit Gummihandschuhen – der Saft färbt stark – die Kerne herausdrücken. Die Mango schälen und das Fruchtfleisch vom Kern schneiden. Die Ingwerwurzel ebenfalls schälen und in grobe Stücke schneiden.

2 Alle vorbereiteten Zutaten mit Hagebuttentee, Rosenwasser, gemahlener Gewürznelke sowie Kardamom und Honig im Mixer kräftig aufmixen und pürieren. In Gläser füllen und mit Zimt bestäubt sowie mit etwas Orangenschale garniert servieren.

Für etwa 500 ml

1 Granatapfel
1 große vollreife Mango
1 – 2 cm frische Ingwerwurzel
150 ml kalter Hagebuttentee
1 TL Rosenwasser (aus der Apotheke)
je 1 Prise gemahlene Gewürznelke und Kardamom
1 EL Honig

Zum Garnieren

gemahlener Zimt und etwas abgeriebene Schale einer Bio-Orange

Zubereitungszeit

15 Minuten

Tipps → Für eine Variante dieses Smoothies können Sie die Granatapfelkerne mit Mango und Ingwer im Gefrierfach etwa 30 Minuten anfrieren lassen und anschließend mit 150 Gramm Naturjoghurt zu einem cremigen Smoothie mixen. Nach Belieben zusätzlich noch eine Banane untermixen.

Mangold-Cranberry mit **Orange**

→ Grün → Fruchtig → Außergewöhnlich

Für etwa 500 ml
2 Mangoldblätter
1 Bio-Orange
150 g Cranberrys
(TK, siehe Tipps)

Zubereitungszeit
15 Minuten

1 Die Mangoldblätter waschen, die Stiele abschneiden, die Blätter in grobe Stücke zupfen. Die Orange heiß waschen, mit Küchenpapier kräftig abreiben und von der Schale etwas abreiben. Abgeriebene Orangenschale zum Garnieren beiseitestellen. Die Orange schälen, dabei auch die weiße Haut entfernen, und das Fruchtfleisch in Stücke schneiden.

2 Die tiefgefrorenen Cranberrys mit den Mangoldblättern, den Orangestücken und 200 Milliliter Wasser in den Mixer geben, kräftig aufmixen und pürieren. In Gläser füllen und mit der beiseitegestellten Orangenschale garniert servieren.

Tipps → Es gibt Cranberrys getrocknet, als Kompott oder als Saft in Apotheken und Reformhäusern zu kaufen. Dieser nordamerikanische Beerenimport ist bekannt für seine wertvollen Antioxidanzien wie die Anthocyane und Vitamin C. Zudem enthalten die Samen Omega-3-Fettsäuren und Vitamin E, deren Wirkstoffe gut für das Herz sind.

Vitaminbomben im Winter

Register

Rezeptregister

Zutatenregister

Ahornsirup   22, 35, 38, 50
Ananas   18, 68, 87
Äpfel   26, 35, 59f., 63, 80f., 86
Aprikosen   43, 58
Avocado   34, 42

Bananen   18, 20, 23f., 29, 35,
   37, 40, 43, 53, 58, 62, 65f., 68,
   76ff., 80, 83, 87, 90, 93
Bärlauch   23
Beeren   29, 31, 37f., 39, 45,
   47f., 50, 66, 76
Birnen   18, 23f., 69, 71
Birnen(dick)saft   18, 23, 45
Buttermilch   45, 87

Datteln   59, 69

Feigen   43, 90
Fenchel   16, 77

Goji-Beeren   83
Granatapfel   69, 92
Grapefruit   87
Grünkohl   78, 84
Guaven   48

Holundersaft   39, 81
Honig   22, 37ff., 43, 46f., 50,
   60, 66, 69, 78, 81, 87, 89, 92

Ingwer   26f., 37, 59, 77, 86, 92

Joghurt   15, 22, 39, 60, 66,
   72, 78

Kaki-Früchte
   (Sharon-Früchte)   89
Kefir   37
Kirschen   40, 46
Kiwis   23, 35, 55
Kokosmilch   48, 68
Kokosspäne/-raspel   45, 48, 62,
   68, 77
Kräuter   24, 26f., 65

Limetten   14, 62

Mandarinen   90
Mandelmus   15, 24, 37, 40, 43,
   55, 87
Mango   34, 59, 62, 68, 78, 84,
   92
Melonen   15, 53, 55
Milch   46
Mirabellen   65
Möhren   22, 26, 50, 72, 80

Nektarinen   40
Nüsse   23, 29, 34f., 40, 46, 78,
   80, 87

Orangen   14ff., 21f., 24, 58,
   65, 72, 77, 89, 92f.

Papayas   14, 16, 45, 84
Paprikaschoten   27, 72
Pfirsiche   39, 50, 55
Pflaumen   60

Reismilch   38
Rhabarber   21
Rote Bete   60
Rucola   21

Sahnequark   89
Salate   31, 59, 65, 71, 83
Salatgurke   42, 86
Sanddornsaft   80
Sellerie   18, 27, 72, 83
Sojamilch   40, 47, 69
Spinat   42, 58

Tomaten   27, 53
Trauben   50, 63, 71

Vanilleeis   80

Zitronen   26, 38f., 42

Impressum

4. Auflage 2015
© 2013 by Südwest Verlag, einem Unternehmen
der Verlagsgruppe Random House GmbH,
81673 München

Hinweis

Die Ratschläge in diesem Buch sind von Autorin
und Verlag sorgfältig erwogen und geprüft;
dennoch kann eine Garantie nicht übernommen
werden. Eine Haftung der Autorin bzw. des Verlags
und dessen Beauftragten für Personen-, Sach- und
Vermögensschäden ist ausgeschlossen.

Bildnachweis

Foodfotos und Styling: Maike Jessen,
www.maikejessen.de;
Foodstyling: Nicole Müller-Reymann

iStockphoto: 7 (CGissemann), 8 (SelectStock);
Shutterstock: 11 (Luiz Rocha); Stockfood:
U1 (Sandra Eckhardt), 2 (Pousette Ulrika)

Über die Autorin

Rose Marie Donhauser arbeitet seit 1988 als
Food- und Reisejournalistin, Restauranttesterin und
sehr erfolgreiche Kochbuchautorin. Sie hat weit
über 100 Koch- und Genussbücher veröffentlicht,
von denen viele Auszeichnungen erhielten, etwa
Silbermedaillen der Gastronomischen Akademie
Deutschlands oder Schweizer Goldlorbeeren. Die
gelernte Köchin ist dem Genuss und auch der
Gesundheit ständig auf der Spur. Unterwegs auf
Gourmetreisen in der ganzen Welt holt sie sich
Anregungen und setzt die Ideen in ihren Büchern
und Artikeln um.

Redaktionsleitung Susanne Kirstein
Projektleitung Sonia Gembus
Redaktion Dr. Ulrike Kretschmer
Gesamtproducing, Layout, DTP
Andreas Rimmelspacher
Bildredaktion Tanja Zielezniak
Korrektorat Susanne Langer
Umschlaggestaltung
*zeichenpool, München
Reproduktion Artilitho snc, Lavis (Trento)
Druck und Verarbeitung Alcione, Lavis (Trento)

Printed in Italy

Verlagsgruppe Random House FSC® N001967
Das für dieses Buch verwendete FSC®-zertifizierte
Papier *Profisilk* wurde produziert von Sappi Stockstadt.

ISBN 978-3-517-08916-4